# 被造物ケアの福音

## 創世記から黙示録のエコロジー

神が創造した世界で私たちに問われる賢明な務めとは

Planetwise
Dave Bookless

デイブ・ブックレス［著］
石原謙治・石原香織［訳］

いのちのことば社

Text by Dave Bookless.
Original edition published in English under the title
Planetwise; Dare to Care for God's World
by SPCK Group, London, England

# 日本の読者の皆さまへ

このたび、『プラネット・ワイズ（*Planet Wise*）』の日本語訳を出版することができ、神への大きな喜びと感謝の気持ちでいっぱいです！　私は十代の頃、『塩狩峠』という本を読んで深い感銘を受け、それ以来、日本のキリスト教に対して個人的な関心を持ってきました。その後、両親が日本で宣教師をしていた友人ができ、日本の教会が迫害や殉教を通して生き残り、成長してきた歴史についても学びました。日本のクリスチャンが社会の中で地の塩、世の光となり、神の被造物をより大切にケアすることにつながるよう、少しでも神がこの本を用いてくださることを祈っています。

私が『プラネット・ワイズ』を書いたのは、私が長年教会で、「福音は私たちがよく口にするよりもずっと大きなものだ」という聖書のメッセージについて語ってきた結果です。福音は私たちだけのものではありません。福音は被造物全体、つまり神が喜びのうちに造り、憐れみのうちに支え、愛のうちに贖う世界に与えられたのです。ローザンヌ運動のケープタウン決意表明にあるように、「キリストの支配権が全被造物の上に及ぶ以上、『イエスは主である』と告げる福音を宣べ伝えることは、地を内包する福音を宣べ伝えることに等しいからである。したがって、被造物保護は福音の問題であり、キリストの支配権の範囲内にある」のです。(「ケープタウン決意表明」2010　パートI・7　私たちは神の世界を愛する・A)

二〇〇八年に『プラネット・ワイズ』が出版されてから十五年以上が経ちました。その間、私たちの世界は大きく変化しています。世界的なパンデミックが発生し、人類の自然破壊が進むにつれ、さらなるパンデミックの可能性があると専門家が警告しています。慎重な科学者たちが、気候変動の影響について懸念を深めているのを目の当たりにしました。それに対して、政府や企業の利害関係者たちは、遅きに失した対応に終始しています。政治的な過激主義が増加していますが、これは土地の維持が限界に達し、それによって多くの人々が大規模な移住を余儀なくされていることが原因の一つでしょう。同時に、自然破壊が進み、多くの種が絶滅に向かい、森林は破壊され、サンゴは白化し、プラスチック廃棄物は川や海を蝕み、海洋資源は減少し、砂漠が増加しています。どれも驚くべきことではありません。本書が説明するように、環境危機の根本的な原因は人間の利己主義と罪です。私たちは霊的な刷新とエコロジカルな悔い改めを必要としています。

この十五年間、この小さな本が世界中に与えた影響力にも常に驚かされてきました。中国語、オランダ語、フランス語、ドイツ語、韓国語、スペイン語、そしてこのたび日本語に翻訳されました。この本はオーストラリアから南アフリカに至る地域において、神学生のための参考図書となっています。モンゴル、ブルキナファソ、パナマ、ルワンダ、パプアニューギニアなど、遠く離れたクリスチャンたちからも、この本を読み、神が彼らの人生を変えるように挑戦を受けたと聞いています。本書は、創世記からヨハネの黙示録に至る聖書全体が述べている被造物に対する神の目的と私たちがとるべき応答について、簡単な言葉でまとめようという個人的な試みから始まりました。それが人々の心を深く打ち、感謝しています。

もちろんこれは私の功績ではありません。私たちの時代における神の御霊のより広い働きの一部です。この間、私はキリスト教の自然保護団体「ア・ロシャ」（www.arocha.org）で働く機会に恵まれました。当初は英国で、そして二〇一一年以降は世界的な神学的役割を担っています。ア・ロシャは一九八三年にポルトガルで一つのプロジェクトから始まり、今では六大陸二十か国以上で活動する世界的なムーブメントに成長しました。ア・ロシャのプロジェクトを始めた多くの人々は、神が世界中の人々に同じことをするよう呼びかけていることを知らずに、神の御霊によって被造物を大切にするよう確信させられていました。そのため、ア・ロシャを見つけることは、まるで家族の一員になるような気分でした。さらに最近では、「フレンズ・オブ・ア・ロシャ」のネットワークが急速に拡大しています。多くの国のグループが参加し、実践的な方法で被造物やコミュニティをケアし、「風景の中に福音を記す」ようになっています。ア・ロシャのプロジェクトはその国の状況によって実に様々です。多文化が混在するロンドンの都市公園の修復、インドの人間と象の紛争への取り組み、ケニアとガーナの重要な野生生物の生息地の森林破壊の防止、スイスのアルプスの牧草地の保護などがあります。早く日本でもア・ロシャの活動が見られるようになることを祈っています！

ア・ロシャの活動の一環として、私はローザンヌ運動の被造物ケアのカタリストを務めてきました。世界福音同盟を含む他の団体と協力しながら、私たちは世界的な運動が成長することを目の当たりにしてきました。二〇一二年から二〇二二年にかけて、私たちは「福音と被造物ケア」に関する十二の地域会議を開催し、百か国以上の聖書を信じるクリスチャンが被造物ケアの実践的な表現に携わるネットワークへと導きました。私の拠点であるイギリスでは、ア・ロシャの「エコチャーチ・イニシアチブ」が最初の八年間で六千以上の教会を巻き込み、現在では他の多くの国々でも実施されようとしています。

神の御霊は動き出しており、個人、教会、宣教団体に、福音全体、すなわち神の国の良い知らせを再発見するよう呼びかけています。もし私たちが「イエスは主である」と宣言するならば、それは「イエスは私たちの心だけでなく、すべての被造物の主である」と言っているのです。そう信じることは、イエスを礼拝し、イエスを宣べ伝える私たちの生活のあらゆる領域を変容させるに違いありません。本書の日本語訳が、神の御霊が日本の教会に「天にあるように地にもある」神の国の福音を教え、示すようにと呼びかける中で、ささやかな役割を果たすことを祈っています。

二〇二三年十二月

牧師・博士　デイブ・ブックレス

# 推薦のことば

私たちは神のみことばを喜び、楽しみながら、キリストの働きの広さと深さを見つけています。そして聖書の中に新たに重要な深みを発見し続けることができるのです。昔の世代は、奴隷制度やアパルトヘイト、人種差別について聖書を誤解していました。デイブ・ブックレスは、神の被造物である環境のケアに関する神の教えを、私たちがいかに軽視してきたかを示しています。気候変動、乱獲、汚染、オゾン層破壊、過放牧や森林伐採による土壌の不安定化などはますます明白になってきています。しかし、私たちはそれらが神の世界における私たちに与えられた責任を無視してきたために生じていることを認識していません。パウロは、キリストの十字架上の死によって、人間だけでなく万物が御父と和解したと明言しています。神は私たちに、「みことばの書物」（聖書）だけでなく、「みわざの書物」（被造物）を与えてくださいました。その両方を読まなければ、私たちはバランスが崩れたクリスチャンになってしまいます。クリスチャンは不健康なカウチポテト（怠け者）になっています。『プラネット・ワイズ』は、私たちを親切に、明確に、かつ力強く創世記から黙示録に至る聖書全体を通して導いています。被造物をケアする理由と方法を、神が命じていることに照らして、聖書でいかに多く関連性を持って言及されているかを指摘しています。

R・J・ベリー（教授、元英国生態学会会長）

デイブ・ブックレスは、親しみやすく簡単なスタイルで、気候変動と環境スチュワードシップに対する聖書的かつ実践的な応答を紹介しています。世界で神の使命に尽力するすべてのイエスの弟子にとって、これは必読の書です。

キャノン・ティム・ダキン（牧師、CMS総主事）

『プラネット・ワイズ』の中でデイブ・ブックレスは、気候変動という時事問題だけを扱う誘惑に抵抗しています。その代わり、彼は神の世界における私たちの立ち位置について、聖書に基づいた明確な視点を示し、私たちの考え方に深く挑戦し、変容へと導いてくれます。私はここ数年、ア・ロシャの活動を直接目にする機会に恵まれましたが、デイブが自分の説教で伝えていることを実践してきたという実績は、この本に真の誠実さがあることを意味しています。これは親しみやすく、聖書的、実践的、そして情熱的な本です。ぜひこの本を読んで、友人に伝えてください！

ラム・ギドマル（博士、ＣＢＥ）

デイブ・ブックレスは、信仰と環境の両方に情熱を持っています。この本は、神学的かつ実践的な方法で、私たちの世代が直面する大きな世界規模の問題を探求する機会を与えてくれます。

ニッキー・ガンベル（ホーリー・トリニティ・ブロンプトン教会牧師、アルファ・コースの開発者）

この説得力のある本の中で、デイブ・ブックレスは、現在すべての人々が直面している最大の課題のひとつである地球の未来について、根本的かつ聖書的に考えるよう私たちに挑戦しています。気候変動ばかりが注目されがちですが、デイブが主張するように、問題はもっと深いところにあります。彼は、私たちのライフスタイル全体に挑む必要があると説得力を持って主張しています。

聖書の全体的な意味を本当に探求したいすべてのクリスチャンは、この本を読むべきです。あまりにも長い間、私たちは聖書の一部分だけを教えられてきました。聖書が私たちと神との個人的な関係性について教えている点を超えて考える必要性を見逃してきました。福音全体とは、イエスが私たちと神との関係性だけでなく、他の人々や私たちを取り巻く世界との関係性も変えてくださるということなのです。人間としての私たちの使命は、イエスの福音を言葉と行いの両方を通してすべての被造物に伝えることです。もし私たちが聖書の神を礼拝するような生き方をしないなら、どうして人々が良い知らせを聞くことを期待できるのでしょうか?

私自身、ここ数年でデイブと同じ考えに至り、自分でもこのような本を書きたいと思っていました。そして今回、デイブがその仕事をしてくれました。彼はこの本で、わかりやすい神学と実践的なライフスタイルのアイデアを提供しています。彼は謙虚さをもって、一人ひとりの状況がまったく異なることを深く認識しながら、このテーマを探求しています。彼は、西洋的ライフスタイルの持続可能性について必要な考え方をまとめてくれました。そしてこの本が、私たちがなぜ、どのように生きるのかについてあなたにも問いかけてくれることを願っています。

この本を読んだ後、新しい生き方、つまり、神との個人的な関係性、そして人間同士や地球との関係性を正しく築く生き方について、解放感を感じてほしいと思います。さらにはライフスタイルを変えていく挑戦を受けてほしいです。本書のメッセージを祈りながら考えた後、きっとそうしたいと思うに違いないと確信しています。

アンディ・リード（英国下院議員）

ティアファンド会長として、私は環境の変化が世界の貧困層にどのような被害をもたらすかを目の当たりにしてきました。地球よりも、貧しい人々に配慮すべきだと主張する人がしばしばいます。デイブ・ブックレスは著書の中で、これがいかに誤った、聖書的でない理解であるかを示しています。聖書は、人間と人間以外のすべての被造物を大切にしておられる神を照らし出し、私たちにもそうするよう求めています。地球について賢くなることなしに、貧しい人々を助けることはできません。この本を読み、友人にもプレゼントし、この挑戦に備えましょう。

エレイン・ストーキー（神学者、社会科学者）

このよく書かれた感動的な本のどのページにも、神の世界に対するデイブの情熱が輝いています。神が私たちに託されたこの世界を人間がどのように扱ってきたかを見るとき、聖書が今の状況にどのように語りかけているかを改めて認識する必要があります。デイブの深い聖書の知識と、家庭での生き方の正直な振り返りは、この世界とそこに住むすべての人々に希望をもたらすために、私たちが役割を果たすための挑戦であり、備えです。

ルース・ヴァレリオ（『*L is for Lifestyle*：地球に負担をかけないクリスチャン生活』の著者）

※肩書きは原著出版時のものです。

# 目次

＊本文中にも［訳注］で補足を記載しました。長い説明を必要とする場合は、巻末の訳注にまとめています。
＊聖書の引用は断りのない場合、『聖書 新改訳２０１７』を使用しています。
＊イラスト　ティファニー・ゴールドスピンク提供

## まえがき　変化を生みだそう

デイブ・ブックレスは、かつて自分の教会区に緑地が少ないことを心配していました。一九九八年に公刊されたロンドン・サウスホール地区の再生パートナーシップの報告書が「緑地、広場、きれいな空気、環境意識などの欠如が、この地域の自信と誇りを欠く原因となっている」と発表していたのです。

地元で「ミネット地区」として知られる広大な土地が放置され、破壊されていることに、彼は心を痛めていました。この地区は不法投棄場となり、規制のない大規模なトランクセールが催されてその結果大量のゴミが散乱し、深夜には地元のバイクレースのコースとなり、ゴミと廃棄物の泥沼と化していたのです。

デイブと彼の仲間は、この地区の大部分を地元の野生動物や人々のニーズに応えるカントリーパークにする計画策定の中心メンバーとなりました。数多くの議論や困難を経て、二〇〇二年五月三十日、最終的に「ミネット・カントリー・パーク」の建設が許可されたのです。そして徐々

に多くのボランティアを集め、助成金を得て、地域社会全体からこのプロジェクトに対する確かな支持を得ることができました。

二〇〇二年六月には変革の幕が開けました。デイブはキリスト教のエコロジー運動「ア・ロシャ」と協力し、その作業に関する生態学的影響評価書を作成し、エコロジー・アドバイザーとして活動し始めました。

彼らは生息地の造成や、湿地帯の発掘調査、地上に巣を作って住む鳥類を保護するためのフェンスを設置し、トラック二十台分の不法投棄されたゴミの撤去を監督しました。さらには、水路を整備し、二十三種六百羽の鳥に調査用リングを付け、ベニシジミを含む二十二種の蝶の世話をしました。その他にも、地元の四つの小学校との良好な関係を築き、環境教育を行えるようなカリキュラムに沿ったプログラムを作成しました。また、放課後の環境クラブや地元の六十人の子どもたちのために休日の遊び場を作りました。そしてファミリー・ピクニック、昆虫探検、野生動物と触れ合える散歩といったプログラムを企画しました。デイブのチームは地元の十一の学校で二十三の集会を催し、グランド・ユニオン運河に浮かぶ「水上教室」の資料を作成しました。

ミネット・カントリー・パークの開園式に参加できたことは、私にとって大きな喜びでした。それは救いの比喩や、キリストの偉大な証しのようでした。創造主である神の神学を真剣に受け止めるとき、キリスト教の宣教が信頼できることを示したのです。暑い夏の午後、私が公園内を歩いている最中に、鳥のさえずりを聞き、ひばりやカワセミ、キツツキが自由に飛んでいるのを見ました。長い草むらでは蝶が飛び回っていました。ある自然保護活動家と一緒に池のほとりに生えている野生の蘭の花を見て驚きました。遠く離れたヒースロー空港に着陸する飛行機の列を眺めながら、荒廃したガス工場の近くでも、この都会の荒れ地がもう一つのエデンになったことに驚きを感じました。

リビング・ウォーターウェイズ・プロジェクトは、デイブの「ア・ロシャUK」の働きのほんの一面にすぎず、彼はすでに多くの「エコ・ミッション」のコンサルタントとして活動しています。デイブは現代的な伝道者であり、多くの伝道者たちがなかなかアプローチをしない状況においてもイエスの福音を伝えています。なぜなら、彼は世界的な危機に対して切迫感を持っているからです。

だからこそ、この本は環境に関するキリスト教の議論に対して重要な貢献をしています。デイブは学問の象牙の塔からこの本を書いたのではありません。本書を支える神学は、クリスチャンとしての環境危機への応答を発展させることに全力を注いできた彼の人生とミニストリーを通して培われたものなのです。

デイブの神学は、彼自身を新鮮で革新的なスタイルの現代的なミニストリーへと導き、多くの環境に熱心な人たちが彼とともに働いています。彼は「エコ・スピリチュアリティ」の信奉者に奪われてしまった地を取り戻すために多くのことを行っており、彼の人生は信頼できる「クリスチャンのエコ・スピリチュアリティ」を個人的に実践する証しとなっています。本書は厳しい環境のさなか、多文化な教会区、シンプルに生きるという共同体の約束、そして神の完全な意志を見極めようとする個人の渇望の中で培われたミニストリーから生まれたものです。

ある教会はペットボトルをリサイクルしたり、年に一度は車を使用せずに教会に行くというようなことを誇らしげに主張しています。それらはもちろん素晴らしいのですが、その程度の取り組みでは地球温暖化という大災害に対する確かな対応としては程遠いのです。デイブの働きはもっと適切で重要なものを模範にしています。本書は、もしも私たちが創造された秩序を救う、というビジョンを持つクリスチャン的な環境の霊性を受け入れるならば、真の犠牲と今までとはまったく異なった生き方を要求されると教えています。

私たちが地球に対して行っていた管理は、いつか裁かれる日が来ます。それは、私たちの生き方を見直し、地球を再生するために主とともに働くという新たな決意を意味するのです。

私たちの被造物に対する理解は、それらは私たちのものではなく、神のものであるという感覚を持つことから始まります。神はこの地球を離れて立ち去られたのではありません。神の存在はこの地を満たしているのです。どのように生きるかを選択するのはあなた自身です。しかし、最終的に判断するのは神なのです。


現代の教会が創造主である神への新たな認識に向けて礼拝と祈りの焦点を合わせるには、デイブの洞察力を早急に必要としています。デイブの神学は、本物の環境保護活動というのは私たちの良心を和らげるためのおまけのような活動ではなく、信仰の核心から湧き出なければならないことを実証しています。

世界では毎日二百万トンのゴミが排出されています。毎年五億トンの石油が事故や投棄、漏出によって流出しています。毎年六百五十万トンの有害物質や生物分解性のない廃棄物が海に放出されています。では、この汚染が進んでいる地球で私たちはどのような基本原則に基づいて信仰を貫くべきなのでしょうか。また、この環境危機にクリスチャンとしてどのように応答すべきなのでしょうか。

本書はその出発点です。ぜひ続きを読んでみてください。

二〇〇七年十一月

牧師・博士　ロブ・フロスト

# 謝　辞

本書の執筆は、氷山の探検のようでした。その九〇パーセントは視界から隠されており、その過程には、長年にわたって神のことばと神の世界に目を開かせてくれたすべての人々に対する大きな感謝があります。ここで私が挙げることができるのは、ほんの一部ではありますが、この方々の協力がなければ本書を執筆することは不可能であった人たちです。ピーター・ハリスとミランダ・ハリスは、私がア・ロシャと旅を始めるきっかけを与えてくれました。ア・ロシャのおかげで今の私があります。シアン・ホーキンス、スティーブ・ヒューズ、ピート・ホーキンスをはじめとするア・ロシャUKの同僚たちは、私の執筆の時間だけでなく、多くの視点や励ましを与えてくれました。IVPのエレノア・トロッターは執筆作業に寄り添ってくれました。ティフ・ゴールドスピンクは三人の子どもの世話と他の仕事をこなしながらイラストを描いてくれました。アンソニー・ヘアワードとポーリーン・ヘアワードは執筆のために自宅を開放してくれました。ロブ・フロストは、人生の最後の数週間、癌と闘いながら、丁寧なまえがきを書いてくれました。アリス・エイミーズ、デイビッド・チャンドラー、サラ・ウォーカー、そして私の草稿を読み、恐れずに修正を指摘してくれた方々にも感謝しています。最後に、私のソウルメイト、共労者、励まし人、そして最高の批評家であるアンと、私の足元を支え続けてくれた娘のハンナ、レベッカ、ロージー、ナオミ＝ルースに感謝します。本書は、母ローズマリーと父ガイ(二〇〇六年に亡くなりましたが、その謙虚なクリスチャンとしての証しの生涯は、今も私にインスピレーションを与え続けています)、そして創造主、支え主、贖い主である神の栄光のためにささげます。

二〇〇七年十二月　サウスオールにて

デイブ・ブックレス

# はじめに　なぜ地球という惑星について悩むのか?

現在多くの人が気候変動は私たちの世界が直面している最大の脅威だと考えているようですが、私はそうは思いません。氷河が溶けることや、気象システムの変化、海洋の温暖化がもたらす脅威についての科学的な意見の一致を決して疑っているわけではありません。また、これらが野生生物、貧困層、そして最終的には私たち全員にもたらしつつある恐ろしい影響に目をつぶっているわけでもありません。

私がそう思わない理由は、気候変動はもっと大きな問題の一つの兆候にすぎないからです。例えばテレビで、科学が気候変動の「解決策」を見つけたと報道していたとしましょう。余分な温室効果ガスをすべて吸収する魔法のような解決策です。大気時計を戻し、二百年にわたる産業汚染が氷河の融解、海面上昇、森林やサンゴ礁の死滅、何億もの人々の移住などの問題を引き起こさずに済んだらどうなるか想像してみてください。本当にこのようなことができれば環境問題のない完璧な世界が実現するのでしょうか。残念ながら答えは「ノー」です。

私たちは依然として膨大な環境問題に直面しているはずです。森林は破壊され、海では乱獲が起き、資源は過剰に搾取されたままです。過疎地は廃棄物の山に埋もれて見えなくなるでしょう。危険な農薬や化学物質は、生態系や人間の健康に大きな問題を引き起こすでしょう。豊かな国に住む人々は、地球上の資源を大量に消費してエネルギー不足を起こすライフスタイルを送り、その一方で貧しい国の人々は食料と水を手に入れるのに苦労しています。さらには人類が多くの野生動物の生息地に入り込むことで、動物たちは絶滅の危機に直面するでしょう。

気候変動は深刻な病の最も明白な症状にすぎないのです。ここでの重要なポイントは、人類は地球との関わり方を間違えてしまったということです。単に人口が増加し、エネルギー不足を起こすようなライフスタイルを送る人が増えているだけではなく、私たち人間はこのまま続けることが困難な生き方をしてきたのです。残念ながらこの問題をより発展した技術や政策によって解決することはできません。この問題はより深い核心である人間の本質に関係しています。地球や生き物をどう扱うべきかということだけでなく、私たちが人として一体何者なのかを考え直す必要があります。それがこの本の一番大切な要素です。

## なぜ、私たちはこうした問題に関心を持たなければならないのでしょうか?

人が環境問題に関わる理由はさまざまです。野生動物やガーデニング、自然豊かで美しい田舎が好きという人もいるでしょう。「世界をより良い場所にする」という大義名分を掲げる人もいます。「今何かしないと数年先にはみんなが苦しむことになるのではないか」という恐怖心からこの問題に関心をもつ人も増えています。クリスチャンを含む多くの人々にとって、環境をケアすることは正義の問題です。世界には気候の変化によって、すでに苦しんでいる何百万人もの貧しい人々がいるからです。

しかし、クリスチャンは聖書を原点にしなければなりません。例えば、環境の不適切な管理が行われたとしても、誰も苦しむ人がいないとしましょう。それでも私たちは消えゆく野生動物、汚染された空や海など地球のことを気にかけるでしょうか。キリスト教の福音は単に、滅びゆく世界から人々を救い出し、天国の良い知らせを伝えるだけなのでしょうか。神は私たちが地球上で今どのように過ごしているのかを気にかけているでしょうか。神にとって他の生物や地球そのものは重要なのでしょうか。それともそれらは人間が楽しむためだけに存在しているのでしょうか。

これらの問いは私たちの出発点でなければなりません。私たちは最近の世俗的な環境運動に流されることで、それが聖書的な世界観にどのように合致するのかを考えない危険があります。本書は一歩下がって、神がこの世界とその中での私たち人間の立場をどのように見ておられるかについて、聖書自身にその物語を語ってもらうことを目指しています。

私は過去十年間、英国内の数百もの教会で、聖書と環境について話してきました。訪れた場所は、アバディーンからペンザンス、セント・デイヴィッズからウォルトン・オン・ザ・ネイズまでに及びます。これまでに四つの大陸にも訪問し、同じテーマで話す機会に恵まれました。こうした経験からわかったことは、環境とキリスト教信仰との関わりについて実にさまざまな見解があるということです。ステレオタイプがあるかもしれませんが、そうした見解を四つの大きなテーマに分類してみました。以下の中から自分がどのタイプに当てはまるかを考えてみてください。

**怪しい――エコロジーや環境問題は少し怪しいので、クリスチャンはそういったものに近づかないほうが良い。**

ニューエイジ運動が環境運動に入り込み、それを乗っ取っているのではないかと懸念する人もいます［訳注1］。ニューエイジ運動と聞くと、異教徒が木をハグしたり、満月の夜に踊り、古代の遺跡で礼拝し、豊年祭にふけるイメージが頭に浮かびます。実際ニューエイジ運動は、東洋のヒンドゥー教や仏教の概念からアイデアを得たもの、古代の異教徒のアイデアを現代風にアレンジしたもの、オカルト的なものなどさまざまなグループや思想が混在しています。

確かに、地球を古代の母なる女神「ガイア」として語り、自然崇拝を実践する環境保護主義者もいます。キリスト教は自然からの搾取を正当化しており、環境危機の責任はキリスト教にあると信じている反キリスト教の人もいます。

しかし、こうした理由でクリスチャンが環境保護を避けていたら奇妙ではないでしょうか。環境とは神が造ったものであり、ニューエイジ運動が造ったものではありません。これはミュージシャンの中には怪しい信念を持っている人がいるのでクリスチャンは音楽を聴いてはいけないと言うようなものです。確かにそうかもしれませんが、この考えは本質を見誤っています！　音楽は環境と同じように神の良き被造物なのです。実際に多くの環境保護主義者はニューエイジ運動や異教徒、オカルト的な思想を好んではいません。多くの人は不可知論者や無神論者であり、熱心なクリスチャンも増えています。

もしイエスが自分と意見が異なる人々と交わることを拒否していたらどうなっていたでしょうか。例えば、不正な取税人、のけ者にされた売春婦、独り善がりなパリサイ人、議論好きな漁師です。そんなことをしたら、イエスにはほとんど弟子がいなかったでしょう。環境保護運動には確かにキリスト教とはまったく異なる世界観を持つ人々が携わっていますが、同時に霊的な真理を探し求めている人も多くいます。それはクリスチャンが環境保護に関わるべき説得力のある理由です。

**無関係——地球を大切にすることはクリスチャンにとって重要ではない。**
**福音は魂を救うものであり、アザラシを救うものではない。**

これは一部の教会で強く主張されている考え方で、私が教会を訪問した際にも以下のような質問を通してこの考えをよく耳にします。


「福音は物質的なことではなく、霊的なことではないのですか。」

「神は私たちの身体ではなく魂を大切にされているのではないですか。」

「地球の心配をするよりも伝道に力を入れるべきではないのですか。」

「私たちの心は地上ではなく天国に向かうべきなのではないのですか。」

「神はいずれこの地球を破壊するのではないのですか。」

これらの質問はすべて後ほど取り上げることにします。しかし、私はこれらの考え方について逆に質問をしてみたいのです。というのも、こうした考え方は現実を聖書的でない方法で理解している危険性があるからです。

新約聖書が書かれた当時、異教徒のギリシア哲学と旧約聖書のユダヤ思想に基づく新しいキリスト教の考え方の間で争いがありました。この争いの中心は、究極的な現実が純粋に霊的なものであるかどうかをめぐるものでした。つまり、人間は肉体に閉じ込められた神聖な魂なのか、それとも肉体も含めて私たちの本当の姿なのかという争いです。聖書はこの点について非常に明確です。私たちは単なる霊や魂ではありません。物質的な身体もとても大切なのです。コリント人への手紙第一の15章でパウロは、イエスが肉体を持って死からよみがえったこと、私たちも死後は肉体を持つようになること、そしてこの考え方なしではキリスト教は成立しないことを思い起こさせます。聖書の観点では、心と身体、そして魂が一体となって私たちは構成されているのです。新約聖書には「魂のみを救う」ことについて書かれた箇所は一つもありません。なぜならイエスは実体のない魂には関心がなかったからです。イエスは魂だけでなく、心と身体を持ち合わせた人間に関心を抱いていました。彼は罪を赦すだけでなく身体や精神の病をもつ人々を癒やしました。彼は天国のみならず「地上の」神の国のために祈ることを私たちに教えたのです。

このような古い歌があります。「この世は私の家ではない。私はこの世をただ通り過ぎるだけだ。」これはアメリカ南部にいた奴隷の体験から生まれた歌で、ひどい苦しみと奴隷制度の不正義に対する応答を表しています。しかし聖書はこの歌とは違うことを教えています。これから見ていくように、この地球は神から与えられた私たちの家であり、創造主は居候である私たち人間の振る舞いを気にかけています。

最後に、地球は破壊されるのかという問いは非常に重要です（この問いは本書の第五章で取り上げています）。実は、これは昔から多くのクリスチャンが信じていなかったということを今述べておきます。むしろ産業革命とともに発展した、比較的近代的な考え方です。こう言って良いのかわかりませんが、かつてないほど地球資源を搾取し、破壊してきた時代において、地球を使い捨てにすると考えるのはとても都合が良かったのだと思ってしまいます。

**付随的――他の誰かが地球を気遣ってくれるので、私は何も気にすることはない。環境問題はついでに取り組むことである。**

私の経験上、これは多くのクリスチャンにみられる意見です。正直に言えば私もそうでした。人生には重要な問題が山積みでそのすべてに関わることは不可能です。クリスチャンの中に環境保護に携わるよう求められている人がいるのは素晴らしいことです。しかし、それはすべての人には当てはまりません。私たちでなくても、他に頑張ってくれている多くの団体があるのです。誰もが「クリスチャン・イン・スポーツ」や「クリスチャン・サーファーズ」の一員になることを求められているわけではありません。それでは環境保護は、ガーデニングやバードウォッチングが好きな人、イルカやアザラシの赤ちゃんを見ると感激する人だけのものでしょうか？

実はそんなことはありません。もちろん人生の中には、一部の人しか携われない領域がいくつもあります。しかしキリスト教信仰の中心には、イエスに従う者であれば誰もが行うべき事があります。例えば祈りです。クリスチャンが「いや、私は祈りには興味がありません」と言っている姿を想像できますか？「祈りを必要とする人もいるかもしれませんが、私には祈りは必要ありません。あなたが祈るのは勝手ですが、祈りについての話題を私に振らないでください」と言うクリスチャンがいるでしょうか？　もちろんそのような人はいません！　クリスチャンになったばかりの人も、五十年来の宣教師である人も、祈りが「得意」だと思っている人も、初心者である人も、定期的に祈っている人も、そうでない人も、祈りがクリスチャン生活に欠かせないことは誰もが知っています。とりなし手や祈りの戦士など特別な祈りの働きに召される人もいるかもしれませんが、誰もが祈るように招かれているのです。

私は聖書を読み返すうちに、神の被造物を大切にすることは決して怪しいことでも、無関係なことでも、単なる付随的なことでもないと理解してきました。むしろ地球と被造物のケアは、すべてのクリスチャンに求められる重要なことなのです。

**統合的――神の被造物全体への関心は、聖書の神、**
**そして神の人間に対する目的にとって根本的である。**

すべてのクリスチャンが祈り、集い、神のことばを学び、良い知らせを分かち合うことが求められているように、被造物のケアはイエス・キリストに従うために不可欠です。これは任意なものではなく、私たちの信仰の中核の一部なのです。私はすべての人がテント小屋で生活し、クジラ保護のキャンペーンに参加し、ビーガンになることを求めているわけではありません。むしろイエスに従うことは、神の世界を新しい視点で見ることを意味します。

歴史の中では時折、クリスチャンの考え方が大きく転換することがあります。それは人々が文化に覆われて見えなくなっていた聖書の真理に目覚めるときに起こります。二百年前、ウィリアム・ウィルバーフォースのようなクリスチャンは、奴隷貿易に対する人々の考え方を変えました。それまでは奴隷制度は許されている行為であり、聖書の視点から正当化されることさえありました。しかし、ウィルバーフォースやシャフツベリーは、自分たちの文化がもたらす偏見に聖書をもって挑戦しました。彼らは、パウロが「ユダヤ人もギリシア人もなく、奴隷も自由人もなく、男と女もありません。あなたがたはみな、キリスト・イエスにあって一つだからです」（ガラテヤ3・28）と述べたとき、それは人間に対する新しい見方を意味していると気づきました。キリストに従う者であれば神の目から見て平等であると気づき、奴隷制度はもはや容認できなくなりました。

私たちは今日そのように考え方が大きく転換する瞬間に遭遇しているのだと思います。まるで私たちの人生観のすべてを彩ってきた色眼鏡を外すかのような瞬間です。私たちは文化、特に西洋的な都市、工業、消費に根差した文化に取り囲まれているため、被造物とその中での私たちの立ち位置に関する聖書の明白なメッセージに気づけていませんでした。私たち人間の生き方がこの地球に与えてきたダメージに直面する中で、今ついにこの問題について再び考えることを余儀なくされています。

私たちの多くは聖書を読むときに、「私と神との関係性について何を教えてくれるのだろう」という問いを抱いています。聖書はすべて人間に関することしか記されていないと考えがちです。実際は、聖書はすべて神について書かれています。しかし、神と人間に関する内容と並んで、聖書には神と地球との関係についても膨大に記されていることを見過ごしがちです。クリスチャンの多くは、聖書が地球について、地球と神との関係について、そして私たちと地球との関係について、何を語っているのか問うことを怠ってきました。

このことは大きな転機になるべきです。有名な天文学者であるコペルニクスが、地球が太陽の周りを回っていることを初めて認識したときと似ています。当時の人々は、コペルニクスの考えを脅威と感じ、彼を異端視しました。聖書が「地球はすべての中心に位置している」と記しているると誤解していたからです。今日私たちの視点は、これと同じように根本的に変わる必要があります。世界観の転換が必要なのです。神の創造的で救いに満ちた愛の焦点は、私たちだけに向けられているのではありません。むしろ、神はご自分が造られたすべてのものを大切に思っておられます。地球とその中にいる被造物は、人間が神との関係性を演じるためのただの背景ではないことを、早急に認識する必要があります。被造物は物語の登場人物そのものなのです。

本書は、いくつかの聖書の箇所を抜き出してこうした見解を主張するのではありません。むしろ全体像、つまり聖書の物語全体を考察し、いくつかの基本的な問いを投げかけます。そのために次の五つの章では、ダラムの司教であるN・T（トム）・ライト博士が提案した有益な枠組みを使用します。彼は次のように論じています。「初代教会は歴史を五幕の劇として捉え、天地創造、堕落、イスラエルの物語を最初の三幕とし、第四幕のナザレのイエスに関する出来事でクライマックスに達する。初代教会は第五幕を生きており、そこで俳優たちは、それまでのすべてを土台にして、劇の最後の場面を即興で作るという仕事と責任を課せられていた。[1]」これは、歴史を通して演じられ、聖書の中で再び語られる、神と被造物の関係性という大きなドラマを見事に要約しています。次の五つの章は、以下の五幕に基づいて論じます。

1　創造
2　堕落
3　イスラエル
4　イエス
5　現在と未来の時代

これら五つの幕は、聖書の物語を見事に要約しているだけでなく、頻繁に重なりあっています。例えば、新約聖書は旧約聖書の天地創造と堕落についての理解を説明しながら展開しています。同様に、最終幕である地球の未来についても、聖書の最後の書巻にだけ描かれてはいません。したがって本書は順番どおり創世記から始まり、黙示録に至るものではありません。むしろ五つの幕は、複雑な交響曲における五つのテーマのように、互いに展開し、重なり合い、繰り返されます。偉大な音楽作品のように、全体は個々のテーマよりもはるかに大きく、すべてをまとめることによって初めて意味をなすのです。

この偉大な交響曲において、自然界は決して脇役ではありません。これは神と被造物全体の物語です。これから見るように、被造物はこの物語のすべての場面で重要な意味を持ちます。

〔質問〕

1　「人類は地球との関わり方を間違えてしまった」という考え方に賛成しますか？　どのような根拠からそう考えますか？

2　環境問題に対するキリスト教の見解は、怪しい、無関係、付随的、統合的、など様々ですが、あなたはどのように考えますか？　なぜでしょうか？

3　この章では、聖書は「神と人間」だけでなく、「神と被造物全体」の物語だと述べました。なぜキリスト教徒はしばしば聖書に描かれている「人間」の要素だけを強調し、より広い被造物を軽視してきたのでしょうか？

# 第一章　被造物の叫び声

ドラムが鳴り、幕がゆっくりと開き、照明が徐々に消えて期待に満ちた暗闇が残ります。舞台は静寂に包まれ、ドライアイスが形もなく渦巻いています。突然、舞台袖から「光、あれ！」と声がしました。そして不気味な光が舞台を照らしました。

もちろん私たちは、万物の創造がどのように行われたか想像することしかできません。創世記1章と2章にある記述は、神のみわざによるものですが、最初からそれを目撃した人間の証人はいません。聖書の天地創造の物語は、意図的に高いドラマ性を持たせており、力強く美しい言葉とイメージに満ちています。これは多くの人々がよく知っている物語ですが、特定の側面に着目してしまい、全体像を見逃してしまうことが多くあります。ここで創世記1章と2章が神が世界をどのように創造したかを正確に、また文字どおり描写しているかどうかについて時間を費やすつもりはありません。創世記に記されていることが正確な歴史なのか、それとも象徴的な言葉によって奥深い問いに答えるために作られたものなのかという議論もここでは解決できません。進

化論と創造論をめぐる論争は長年にわたってクリスチャンたちを分裂させてきました。実際、この議論全体が大きなひずみになっています。けれども創世記が答える最も重要な問いは、「私たちはどうやってここに来たのか」ではなく「なぜ私たちはここにいるのか」であり、「神はどのように世界を創造したのか」ではなく「神はなぜこの世界を創造したのか」についてです。「どのように」ではなく「なぜ」から始めることで、私たちは聖書が被造物の目的全体を理解する助けとなることに気づくでしょう。特に以下の質問を考えてみましょう。

- 被造物から、神について何を学ぶことができますか?
- 被造物自体について何を学ぶことができますか?　特に、神と被造物、また人類と被造物の関係について何を学ぶことができますか?
- 人間について、また被造物における人間の立ち位置について何を学ぶことができますか?

## 神は被造物を超えたお方

聖書の天地創造の記述を他の古代の創造物語と比較すると、神が無から創造していることが一つの際立った違いです。他の物語では、原始の物質がすでに存在しており、そこから創造物が形作られるか、もしくは創造主から宇宙が出現するかのどちらかが多いです。創世記1章ではそうではありません。被造物が存在する前には、宇宙のスープ（銀河）も、光も、異星人の生命も存在せず、ただ神だけが存在していました。

したがって神は被造物である宇宙とは異なる次元の存在であり、人間の言葉で表現することは困難です。神は個人的でありながら、人間以上の存在です。また、神は力強いお方です。太陽の中の力でさえも神の力に触れることはできません。被造物は、神がこの世界と異なった独自性のあるお方であることを強調します。

このことは多くの人が「自然の中で」神を崇拝してしまっているこの現代において、重要です。被造物は神について知っていることをすべて教えてくれるわけではありません。宇宙がいかに美しく、神秘的で、感動的であったとしても、それが神であるとは決して考えてはいけません。イルカがどんなに美しくても、それは神の一部ではありません。地球がどんなに素晴らしくても、それは神ではありません。「母なる大地」や「母なる自然」という言葉は、被造物と創造主を混同させます。地球が驚くほどよく整備されているとしたら、それは神が整備しているからであって、地球が神だからではありません。突き詰めると、被造物やその一部を崇拝することは、「わたし以外に、ほかの神々があってはならない」（出エジプト記20・3）という十戒の第一戒を破ることになります。これは偶像崇拝、つまり神を礼拝する代わりに被造物を崇拝することになります。

## 神は被造物を通して啓示されるお方

神と被造物を混同しないことに加えて、もう一つ注意しなければならない側面があります。

［一つの例を見てみましょう。］

六歳のジョナサンは、誇らしげに絵を抱きしめながら、学校から急いで帰ってきました。そしてそれをキッチンテーブルの上に広げて母親に見せます。彼が持って帰ってきたのは自画像でしたが、手には指が多すぎるし、足は棒のような線だし、頭は巨大な円形で、大きな赤い口で笑っています。しかし、この絵は作者について多くを語っています。作者はまだ技術が発達中の幼い子どもです。彼は明るい派手な色が好きで、自分自身に幸せを感じています。児童心理学者なら子どもの絵についてもっと詳しいことを教えてくれるでしょうし、法医学者なら、にじんだ指紋を見つけて画家を特定することができるでしょう！

神は偉大な芸術家であり、世界はそのキャンバスです。この世界は、神についての重要なメッセージを私たちに伝えています。ジョナサンの絵のように、私たちは神が造られた世界を見ることで、造り手の人格や性格を知る手がかりを得ることができます。さらに、神はご自分を示す手がかりを極めて意図的に残しておられます。被造物は、神がご自身について伝えるために最初に選ばれた手段なのです。

ローマ人への手紙1章20節には、「神の、目に見えない性質、すなわち神の永遠の力と神性は、世界が創造されたときから被造物を通して知られ、はっきりと認められるので、彼らに弁解の余地はありません」とあります。神の力と性質は、自然を通して示されています。神の不変の力は誰にとっても明らかです。宇宙の中心で力を支配し、星々の中心でエネルギーをコントロールしています。クモの巣の繊細な模様、無限に異なる雪の結晶、秋の森の色彩など、細部にも神のこだわりがあります。神は美と秩序、そして力の神です。ここで本書を読むことを一旦中断し、外に出たり、窓から外を眺めて、神の不変の力とご性質を物語るものを見つけてみてはいかがでしょうか。

今日、多くの人々は霊的な存在を求めていますが、自分たちが抱く問いに対してキリスト教は無関係だと考えています。被造物は、そのような人々が、より大きな存在を感じたり、季節や潮の満ち引きを体験したり、他の生き物との深い共感を覚えることで、霊的な存在に出会う場です。残念ながらクリスチャンは、このような体験を自然崇拝と捉えて疎んじてしまいます。しかし、ローマ人への手紙1章20節にある「神の目に見えない性質は被造物を通して知られる」という洞察は、まさにこのことだと思います。被造物は神との自然な出会いの場です。神の指紋が被造物の中にあることを理解しようと苦戦している人々が、しばしばクリスチャンによってドアを閉ざされてしまうのは悲しいことです。

被造物は、すでにクリスチャンである人々が神をよりよく理解するための助けにもなります。

例えば、被造物は、神がいかに関係性を大切にしておられるかを教えてくれます。この世界について研究するとき、その驚くべき相互依存性を発見します。地球のシステムは驚くほど細かく調整されています。大気中のガスは互いにバランスを取り合い、生命にとって完璧な条件を作り出し、土壌は何百万もの微細な生物によって肥沃されるのです。生態系に関する科学は、こうした繋がりがいかに重要であるかを教えてくれます。植物、動物、人間社会、その他すべての被造物は、相互に関わり、依存し合っているのです。

これは驚くべきことではありません！　なぜなら、宇宙が相互依存的であるのは、関係性を大事にする神によって造られたからです。すべての被造物（もちろん私たちも含まれています）は、共同創造主である父、子、聖霊の三位一体の間に存在した愛から生まれています。ヨハネの福音書1章には、世界が創造される前に、ことばであるイエスがすでに存在し、その命令によって、神はすべてを創造されたと記されています。創世記1章2節では、神の霊が水の上を漂っていたことが書かれており、創世記2章7節では、神が最初の人間に息や霊を吹き込んだことが書かれています。三世紀にはエイレナイオスが、神は御子と御霊という両手で世界を造られたと記しています。[2]

神は創造すると同時に、関わりを持ってくださいます。神は被造物の隅々まで熟知し、大切にしています。神はヨブに被造物の不思議と神秘を示し、「人のいない地、人間のいない荒野に雨を降らせ」るために神が配慮をして雨を送っていることを指摘する素晴らしい聖書の一節がありますѣ（ヨブ記38・26）。人間だけでなく、人類とは関わっていない一部の被造物も、関係性を大事にする神にとって重要な存在なのです。被造物が人間だけではないことは、環境を考えるときに大事な視点です。神と被造物の関係性は、神と私たち人間の関係性とは独立しているのです。

　神が関係性を大事にする世界を創造したことを知ると、人間は孤立して生きるように造られてはいないと気づかされます。私たちは神と関わり、互いに関わり、自然界と関わるように造られています。私たちは植物や動物、そして神が創造したシステムに依存して、呼吸するための酸素、飲むための水、食べるための食物を得ています。これらがなければ、死んでしまうのです。他の被造物とともに、私たちは神に依存しています。現代社会が助長している、自分たちだけでやっていけるという幻想ほど危険なものはありません。神は、神ご自身、人間同士、そして被造物全体に依存するように私たちを造られました。

### 神は被造物に献身される

　時々、神と世界との関わりが、創造の後に途絶えてしまったかのように話す人がいます。これは「聖なる時計職人」と呼ばれるもので、神が宇宙を自動巻き時計のように巻き上げ、世界が［神がその場にいなくても］自動で動き、次に進んでいくという考えです。しかし、神と被造世界との関係性は、それよりもはるかに密接です。それは、幼い子どもを深く愛する両親のようです。切れない愛の紐で結ばれた両親は、愛する子どもを見捨てることはできません。関係性を大事にする神が、愛をもって創造したにもかかわらず、どうして被造物を見捨てて立ち去ることができるのでしょうか。

聖書は創世記1章に描かれている創造の六日間を過ぎても、神と被造物との関係性は止まっていないことを明らかにしています。神は被造物の支え主（Sustainer）であり、被造物を支え、気にかけ、新たにしています。詩篇はこのことを何度も語っています。詩篇36篇6節には「主よあなたは人や獣を救ってくださいます」と書かれています。詩篇65篇では、雨、成長、収穫という点から、神が土地を気にかけています。詩篇74篇16〜17節には、日や季節の周期は神の命令によって成り立っていると書かれています。[3]詩篇が神の民の歌集であるなら、彼らの歌に何よりもインスピレーションを与えたのは神の被造物でしょう。神はこの世界を深く愛し、親密に関わっています。動物や人間をはじめとして、山や川、雷や岩など、生物、無生物を含めた被造物はそれぞれ神との双方向の関係性を持っています。

創造と同様に、父、子、御霊は世界の維持に関与しています。コロサイ人への手紙1章17節によれば、キリストにおいて「万物はともに保たれる」のです。神の御霊は宇宙を満たすように吹き込まれています。

「私はどこへ行けるでしょう。あなたの御霊から離れて。どこへ逃れられるでしょう。あなたの御前を離れて」と詩篇の作者は問いかけています。「たとえ 私が天に上っても そこにあなたはおられ 私がよみに床を設けても そこにあなたはおられます。私が暁の翼を駆って 海の果てに住んでも そこでも あなたの御手が私を導き あなたの右の手が私を捕らえます。」（詩篇139・7〜10）

聖書は、神が自然の季節や周期、分子から銀河に至るまでのプロセスに深く関わっていることを明らかにしています。愛によって宇宙を造り、その愛と力によって宇宙を支え続けておられるからです。

私たちは、地球の未来に対する不安が大きくなっている時代に生きています。科学者や経済学者たちは、私たちが地球の資源を過剰に使用し、「時として意図しない」制御不能な力を解き放っていると言っています。干ばつ、飢饉、洪水、病気によって何十億人もの人々が死に、人類の文明が完全に崩壊すると予測する人もいます。生活の仕方を急速に大きく転換すればまだチャンスはあると考える人もいます。あまりに簡単に未来への希望を失ってしまいます。

しかし、クリスチャンとして、私たちは希望を持つことができます。「サステナビリティ」は新しい至高の目標です。それは、将来の世代や他の生物種のために地球の資源を十分に残す生き方をすることです。私たちは、神がこの地球を見守っておられると信じています。サステナビリティの追求において、神は支え主です。とはいえ、私たちは何もせず黙っていれば良いわけではありません。後で説明するように、神は人間に地球を大切にするという特別な責任を与えています。［責任が大きすぎるように感じるかもしれませんが］、私たちは絶望する必要はありません。私たちの行動は、あまりにも小さく、時間がかかるかもしれませんが、神は私たちをご自身の計画に含めておられます。神は、私たちの小さな努力を、地球を維持し、再生させるという目的のために織り込んでくださるのです。

## 被造物は良いもの

幼い頃、大人たちから「悪の世界」について注意されたことを覚えています。それは、私がハメを外すことを防ぐためでしたが、その結果この世界は悪が潜み、危険で敵意があるというイメージを持ってしまいました。大人になるにつれて、このイメージは私を二つの方面に引き込みました。一方では、この世界には痛みや苦しみ、不公平など悪いことがたくさんあり、神の国（私は教会のような場所だと考えていました）でなければ、物事を正すことはできないと信じていました。一方、私は自然が大好きでした。まるで「私に登ってごらん！」と引き寄せるように叫んでいる雄大な山、岩場にぶつかる波の音、夕日を背に隊列を組んで移動する雁の姿に惹かれていました。私は悪の世界と美しい善の世界という二つのイメージを調和させるのに苦労しました。

創世記の天地創造の部分を読んでまず印象的なのは、被造物は良いものであるということです。陸と海を造った後、神は立ち止まり、造ったものを見て、「良し」とされました。草木を造り、太陽と月を造り、魚や鳥や動物を造った後も、同じことを言われました。そして最後に、人を造った後、立ち止まり、造ったものすべてを見て、「非常に良かった」（創世記1・31）と言いました。被造物は良いものであるという単純な真理を、私たちはしばしば見落としてしまうことに驚かされます。被造物は神の善意と人格を反映しているのです。神が創造し、神が愛しておられるのですから、私たちもそれを愛するべきです。物理的な物事が重要なのは、それが神にとって重要であるからです。その後、何が起こったにせよ、神は良い世界を造ったのです。

したがって、私が成長する中でイメージしていたような「善なる神の国」と「悪なる世界」という分離を拒まないといけません。そのような分離は存在しません。すべての被造物が良しとされたのです。私たちが良いと見なすのに苦労しているものでさえ、神の計画の中ではもともと良い目的があったのです。実際、善良な神が良くないものを創造することは不可能でしょう。また、罪がこの世に入り込んでから、被造物の良さが失われたとも言えません。詩篇を読んでみてください！　悪がこの世に入り込んで長い時間が経った後でも、詩篇は、被造物の良さを讃えています。新約聖書では、イエスは天地創造を神の善と人格を示す宝庫と見なしました。クリスチャンである私たちは、「神が造られたものはすべて良いもので、感謝して受けるとき、捨てるべきものは何もありません」(Ⅰテモテ4・4)とはっきり言われています。

福音、良い知らせは、イエスがこの世に誕生してから始まるのではないことを再認識しましょう。それは神がイエスを通して造られた良き地球とともに始まるのです。豊かな被造物は善なる神からの素晴らしい贈り物であることを、私たちはもう一度喜びましょう。

**被造物は神を語る**

私には自然を愛する友人が数多くいます。例えばビルやピーターは野鳥を捕まえて固有の参照番号がついた小さなアルミニウムのリングを足につけるという鳥類標識調査の科学的研究に参加しています。この情報は野鳥の移動、分布、個体数の変化などを把握し、野生動物をよりよく保護するために役立てられています。英国では鳥類標識調査は英国鳥類学協会のライセンスのもと、政府によって管理されており、鳥の健康状態には細心の注意が払われています。調査の際、鳥はほとんど目に見えないかすみ網に飛び込み、絡まり、捕獲されます。その中から丁寧に出された後、種類、年齢、性別が識別され、重さや翼の長さ、筋肉や脂肪の健康状態が測定されます。調査が終わり次第、鳥は放たれ、餌をとったり、巣を作ったり、移動できるようになります。

　鳥類標識調査をする友人のほとんどは自分たちをクリスチャンとは呼びませんが、私たちは幾度となく、この小さな羽のある生き物の素晴らしさについて語り合いました。鳥は動物の中で最も色彩豊かで音楽的な生き物です。彼らの特徴である色と歌声は、純粋に科学的な観点から有用な役割を果たしています。例えば、仲間を引きつける、ライバルと競争する、縄張りを守る、捕食者から隠れる、あるいはそれらを追い払うということが挙げられます。しかし、鳥の色と歌声は、それだけにとどまりません。ケンブリッジ大学動物学博物館の鳥類学学芸員を務めたマイク・ブルック氏は、「鳥がなぜそのような色をしているのか、包括的な理論はない」と認めています。[4]カワセミの明るい色やクジャクの虹色の羽を見たとき、ひばりやナイチンゲールの歌声を聞いたとき、誰もが心に似たような感情を抱くでしょう。鳥の色や歌声は自然の美しさと創造主である神の人柄について私たちに語りかけてくれます。

　鳥類標識調査の大きな喜びは、貴重な科学研究に貢献するだけでなく、驚くべき生命を持つ小さく繊細な生き物を扱うことにもあります。私たちは、夏にサハラ以南のアフリカから英国に渡って繁殖する、体重一〇グラムから二〇グラムほどの小さな鳴禽類（スズメの分類の一つ）であるニワムシクイやノドジロムシクイを捕獲したことがあります。彼らの移動手段はまだ解明されていませんが、多くは星を利用しているようです。時々、前年のリングをつけたムシクイを捕まえることがあります。その鳥はロンドン西部からヨーロッパを通り、地中海を渡り、サハラ砂漠やアフリカ西海岸を回って、最終的にセネガルやガンビアにたどり着きました。そして数か月間、太陽の光と豊富な食料を楽しんだ後、暴風雨やハンターの銃を避けながら、元来た道を辿り、旅の出発地点に戻って来たのです。

厳格な無神論者でさえ、このことを考えると畏敬の念を抑えきれないでしょう。鳥の移動は奇跡としか言いようがなく、他の多くの被造物と同様に、それは神の品性を指し示しています。この小さな鳥たちは、私がこれまでに出会った中で最も雄弁な伝道者の一人です。言葉なしに神の栄光を宣言しているからです。

鳥を見ていると、神が創造した驚くべき多様性をほんの少し理解することができます。親指より小さく、一分間に千回心臓を動かすマメハチドリ、氷点下五〇度でヒナを育てる飛べない皇帝ペンギン、息を呑むスピードで飛び込むハヤブサ、サッカーボールほどの大きさの卵を持つダチョウなど、鳥たちは色、形、大きさ、能力、移動方法などを通じて、驚くほど独創的で想像力に富む神について教えてくれます！　ここでは私は、まだ鳥のことしか触れていません。現在までに確認されている百八十万種の生物（その三十万種以上は甲虫）のうち、鳥の種類は一万種ほどです。この世界には一千万ほどの種が存在すると推定されており、そのほとんどは未だに発見されていません。神は私たちの想像を超える創造性をお持ちです。そして生物多様性のすべては神の存在と本質に関することを表しています。

被造物は神について流暢かつ雄弁に語っています。地球とそこに存在する生命は、神が存在すること、そして神はご自身が造ったものを通して私たちに何かを伝えていることを教えてくれます。詩篇19篇にはこうあります。「天は神の栄光を語り告げ　大空は御手のわざを告げ知らせる。昼は昼へ話を伝え　夜は夜へ知識を示す。話しもせず　語りもせず　その声も聞こえない」（1〜3節）。詩篇の作者は、被造物が言語を越えて心に届く形で神について語っていると表しています。神はことば（聖書）と作品（被造物）という二つの本を通して語られています。神の本当の姿を理解するためにはその両方が必要なのです。聖書がなければ、被造物の中に神の指紋を見ることはできても、それは万華鏡の中の断片にすぎず、完全な肖像を描くことはできません。しかし、被造物がなければ、私たちが聖書から理解する神の姿もまた不完全になってしまいます。被造物は私たちが聖書で読む神についての真理を例示し、照らし出しているのです。

神が被造物を用いて人々に語りかける場面はたくさんあります。ヨナが神から逃げようとしたとき、大きな魚が彼を呑み込み、乾いた土地に彼を吐き出します。その後、ヨナがすねていると、神は唐《トウ》胡麻《ゴマ》のつるを用いて彼に語りかけます。つるが伸びて日陰を作りましたが、そのつるは虫によって枯れてしまいました。他の聖書の場面では、人々が神の声に耳を傾けないときに神はロバを通して語りかけました[5]！

ヨブの物語は神が被造物を用いて語りかける最も明確な例の一つでしょう。ヨブが人生のすべてを奪われ、友人も失い、無一文になったとき、意外なことに神は人間の知恵や宗教観、聖書を通して語りかけはしませんでした。神は被造物を通して語りかけ、銀河の神秘や天気の仕組みを考えるようヨブに求めました。神はご自身の被造物のツアーを行い、山羊、野生のロバ、牛、ダチョウ、馬、鷹を見せ、そして最後に怪獣のビヒモス（カバ）、また、恐るべきレビヤタン（ワニ）を紹介するのです。ヨブはこれらの生き物を通して神の声を聞くことができました。神は被造物を通して彼に語りかけ、彼は神との関係性を回復することができたのです。

悲しいことに、被造物は礼拝の大切なステップになると詩篇が示しているにもかかわらず、多くの教会は礼拝における自然との関わりを無視しています。また、多くの人々は都会に住んでいるため、被造物を通した神からの語りかけをほとんど聞くことができません。どちらの場合も、神の世界を楽しみ、そこから学びながら、シンプルな時間を過ごす喜びを取り戻す必要があります。

## 被造物は神に属する

詩篇24篇1節はこう宣言しています。「地とそこに満ちているもの　世界とその中に住んでいるもの　それは主のもの。」この短い詩はなんと素晴らしいことでしょう。私たちのこの世界の見方やその中での立ち位置の捉え方を、良い意味で吹き飛ばしてくれます。この世界は神のものであり、私たちのものではありません。［被造世界において］どんなに「私の家」「私たちの国」「私有財産」と主張しても、実はどれも私たちのものではありません。すべては神のものなのです。

世界が神のものである第一の理由は、神がそれを無から造られたからです。詩篇24篇はこう続けます。「主が　海に地の基を据え　川の上に　それを堅く立てられたからだ」（2節）。作曲家がオリジナルの音楽を作れば、それはその人の著作権になります。神の所有権は、地球そのものだけでなく、造られたすべての生き物を含みます。「森のすべての獣はわたしのもの。千の丘の家畜らも。わたしは　山の鳥も残らず知っている。野に群がるものたちも　わたしのもとにいる。」（詩篇50・10〜11）

長い間クリスチャンは地球とそこにある鉱物、植物、動物は、人間が楽しむためだけに神が創造されたものだと教えてきました。この教えには真実もごくわずかにあるので、混乱の余地はあるでしょう。創世記1章29節で神は植物を食物として「与える」と述べています。ノアの洪水後、神は食べてよい対象を「生きて動いているもの」すべてにまで広げました（創世記9・3）。詩篇には「天は 主の天。地は 主が人の子らに与えられた」（詩篇115・16）と書かれています。時折、神がユダヤ人に約束の地であるイスラエルを「与えた」のだから、それはもう彼らの所有物、つまり「彼らの」土地だと主張する人がいます。

しかし、聖書には「地とそこにあるすべてのものは、あなたの神、主のものである」（申命記10・14）とも、はっきり書いてあります。このバランスをどのようにとるべきでしょうか。どうしたら地球は「人間に与えられたもの」でありながら、神の所有物のままでいられるのでしょうか。その答えは、実にシンプルです。ある人がある物を絶対的に所有していたとしても、それが一時的あるいは限定的に他の人の物になりえるからです。私の娘のレベッカは学校の友人を家に招待するときに、「自分の家」について話します。彼女はその家に住んでいるので、間違ったことは言っていません。しかし、家は通常、子どもの所有物ではなく、両親が所有しています。最近では建築協会や銀行が所有している場合もあります。レベッカは家を使うことはできても所有者ではありません。［もう一つの例として］土地を借りている農民が畑を耕している様子を想像してみてください。彼らは畑を利用し、そこで生産した果実を享受できますが、その畑は実際には彼らのものではなく、地主のものです。

このことは、約束の地にいる神に選ばれた民の例を見ればよくわかります。神はご自身の民にそこに住んで楽しむために実り豊かな土地を与えましたが、それでもなお、深い意味でそれは神のものでした。神はレビ記25章23節で「土地はわたしのものである。あなたがたは、わたしのもとに在住している寄留者だからである」とはっきりと述べています。神が選ばれた民は約束の地を最終的に所有しているわけではありません。むしろ、神は彼らに一定の条件の下でその使用権を与えていたのでした。

現代の私たちにも同じことが言えます。神は地球という惑星の所有者であり、大気や海、鉱物資源や野生動物など、そこに含まれるすべてのものを所有しています。神は私たちに、この世界を管理し、世話をする者として使用する権限をお与えになりました。地球は神のものであり、私たちはそれをどのように使い、どのように残すかについて神に対する責任があります。マーガレット・サッチャー元英国首相は（彼女の政治をどう思うかは別として）、この点を正しく理解しており、次のように発言しています。「この地球上に対して自由な所有権を持つ世代はない。私たちが持っているのは、完全に修繕してから返す義務が付随した終身借地権です。[6]」神は私たちがこの世界とそこに含まれるすべてのものを慎重に責任をもって使うこと、またこの世界が私たちのものではなく、神のものであることを忘れないことを期待しています。

さらに正確に言えば、地球はイエス・キリストのものです。コロサイ人への手紙1章16節には、「万物は御子によって造られ、御子のために造られました」と書かれています。神は世界を造り、世話をすることでそれを所有しているだけでなく、イエスのために世界を造られたのです。被造物全体は、私たちのためではなく、イエスのためにあるのです。なぜ宇宙は存在するのでしょうか？　それはイエスのためです。氷帽や熱帯雨林、サハラ砂漠やロシアの大草原はなぜ存在するのでしょうか。それはイエスのためです。シロナガスクジラ、ベンガルトラ、太平洋サケ、イエスズメ、そして人間は何のために存在するのでしょうか。それらはすべてイエス・キリストによって、イエス・キリストのために創造され、イエス・キリストにその目的を見出すからです。

この考え方は地球の「資源」をどのように使うかを考えるときに重要な意味を持ちます。キリストのために造られたことを覚えずに、石油やガスを使い果たすことはできません。種の遺伝子組み換えの実験や生息地の大規模な変更を実験する際には、神に対して責任があることを認識した上で、細心の注意を払わなければなりません。森林を破壊したり、海の魚を使い果たしてはいけません。神はそれらを大切にしており、健全な資源を他の人々のために残すことを望んでおられるからです。私たちは故意に、あるいは不注意に種を絶滅させてはいけません。それぞれの種が神についてユニークなことを教えてくれるからです。一つの種が絶滅するたびに、この世界における神の指紋をまたひとつ消していることになります。私たちは、神のご性質の現れとして、またイエスの所有物として、被造物を大切に扱わなければなりません。

## 人間は被造物の一部

創世記の1章と2章は、おそらく聖書の他のどの部分よりも、人間という存在に着目しています。この古文書には、古代の哲学と現代の心理学を合わせたものよりも多くの知恵が隠されています。創世記は私たちに、神の性質、世界、そして人間であることの意味を示しています。これから見ていきますが、人間であるということは、自分自身について二つの本質的な真理を理解することです。それは、私たちは被造物の一部であると同時に、被造物の中で取り分けられた特別な存在であるということです。

最近、私の二人の娘に「自分は動物だと思うか」と聞いてみました。十一歳のハンナは、「もちろん動物よ、私たちは哺乳類だもの」と即答しました。六歳のナオミは、この質問に対してかなり動揺していました。彼女は「私は動物じゃない、人間よ」と言い張りました。人間は幼い頃から、自分は周りの世界と違うという意識を持って育っています。自分自身、家族、そして人間社会を「世界」と見なすのです。自分はこの小さな人間中心の世界に属しており、外の大きな世界は、自分の人生のドラマを演じるための背景にすぎないと信じているのです。

創世記は、このような人間中心の世界観を一掃します。私たちは、この惑星を共有する他の生物とそれほど違いはありません。ある宗教が信じているように、私たちは神々の子孫ではありません。一部のニューエイジ思想が教えるように、私たちは人間の体に包まれた永遠の星屑の一片ではありません。また、私たちは、ＳＦが夢見るように、宇宙から地球にテレポートしてきた存在ではありません。私たちは動物なのです（六歳の娘ナオミには申し訳ないですが！）。

創世記2章7節には、神が「地のちり」から最初の人間を造られたと書かれています。これ以上ないほど地味な話です！　英訳は、アダムという名前を使うことで私たちを混乱させていますす。というのも、ある人が言ったように、これは本当に「土とエバ」の物語なのです！　アダムという名前は、ヘブライ語のアダマー（adamah）という「大地」や「土」を意味する単語に由来します。私たちの本来の名前は「大地人」なのです。私たちは土の生き物であり、粘土の足を持っているのです。

しかも創世記1章26節を読むと、神は人間を他の動物と同じ日に造っていることがわかります。私たちは自分たちだけが創造された日を持つことさえできないのです！　ですから、科学者が私たちのDNAの九九パーセントはチンパンジーと共有していると言っても、驚いたり、脅威を感じるべきではありません。これは「創造と進化」の問題ではありません。創造主の前における、被造物としての私たちの関係性の問題です。さらに重要なのは、私たちのDNAの一パーセントが他の類人猿とまったく異なっていることは、「人間に置き換えると」二人の人間のおよそ十倍も異なるのです。

人間としての立場を知るには、私たちが被造物の一部であることを認識することから始まります。人類と地球上の他のすべての種との間には、家族的な類似性が感じられます。また、私たちはお互いを知り、お互いを信頼するように造られています。つまりは相互に頼り合うように造られているのです。私たちが脆い地球上の動物であることを知らないと、私たちは自分自身を本当に知ることはできません。

## 人間は被造物から呼び分けられている

創世記1章26節で、神は「人をわれわれのかたちとして、われわれの似姿に造ろう。……神は人をご自分のかたちとして創造された。神のかたちとして創造し、男と女とに彼らを創造された」と言われています。

さきほど、私たち人間は被造物の一部であるという真理に焦点を当てました。なぜなら多くのキリスト教の教えの中でこの点が非常に軽視されているからです。しかし、創世記1章と2章にあるもう一つの大きな真理、すなわち、人間は神の似姿に造られたという真理を強調することも同様に重要です。人間は非常に特別な種で、被造物の中でユニークな役割を担っています。

詩篇8篇は、人間の持つこの二面性と格闘しています。この箇所は創造主である神の偉大な力を描写することから始まり、全宇宙を造られた方が、どうして取るに足らない小さな人間のことで悩むことができるのか、と問いかけています。

あなたの指のわざである　あなたの天
あなたが整えられた月や星を見るに
人とは何ものなのでしょう。
あなたが心に留められるとは。
人の子とはいったい何ものなのでしょう。
あなたが顧みてくださるとは。（詩篇８・３〜４）

全知全能の創造主が太陽系にある小さな惑星の小さな種に関心を持つなんて、とんでもないことのように思えます。しかし、それこそが神が選んだことなのです。
神は人間を大切にするだけでなく、詩篇に書かれているように、私たちには到底値しないほどの大きな役割を与えてくださいました。

あなたは　人を御使いより
わずかに欠けがあるものとし
これに栄光と誉れの冠を
かぶらせてくださいました。

あなたの御手のわざを人に治めさせ
万物を彼の足の下に置かれました。（詩篇8・5〜6）

人間の被造物における立場は、権利ではなく、神からの贈り物です。詩篇8篇5〜6節には、王族の姿が描かれており、神は私たちに王と王妃の冠を与え、世界を象徴的に足下に置いた玉座に座らせました。「足の下に置かれました」とは、踏みつけることではなく、被造物に対する神の正しく公正な王権の象徴です。

私たちが地球に住む生き物であると同時に、神の似姿を持つ者であることを緊張感を持って理解することは極めて重要です。私たちはこの二つの軸足によって立っています。どちらかを失うと、周囲とのバランスが著しく崩れ、転倒し続けることになります。

もし私たちが神に似せて造られたことを忘れてしまったら、私たちは何百万もの生き物の中の一つにすぎず、他の種より大きな権利を持たない、高度に進化した猿にすぎません。論理的に言えば、このことは私たちを二つの立場のどちらかに導くかもしれません。一つは、私たちは有用であること以外に価値を持たないという非道徳的な立場です。私たちが人間として繁栄しているのは、単により賢く、より強力だからという考えです。強者だけが生き残り、弱者を食い物にすることでそれを実現しています。現代の西洋社会は、地球とその生物に対して、まさにそのような扱いをしてきました。

もう一つの立場として、すべての生物種は等しい価値を持つという道徳的な姿勢を持つこともできます。その場合、日常生活でいくつもの大きな問題に直面することになります。私たちは他の種を利用し、消費をする権利はなく、全員がヴィーガンになるべきです。実際、オーストラリアの哲学者ピーター・シンガーは、ある種（人類）が他の種を抑圧し、搾取する状態を指す「種差別」という言葉を提唱しましたが、彼に賛同することになります。最も気がかりなのは、もし人間が地球が直面している環境破壊を引き起こしたにもかかわらず、他の種よりも重要な存在でなければ、人間がいないほうが地球は良くなるのではないかということです。私たちが特別な存在ではないと信じる冷徹な論理的結論は、地球のために人類は自滅すべきだというものです。このような考え方は極端に見えるかもしれませんが、今日、ますます多くの関心を集めています。

私たちが神の似姿として造られたことを忘れるのと反対に、地のちりから造られた事実を忘れてしまうことも危険です。これは、クリスチャンにとって、より大きな危険性があります。環境保護主義者は、クリスチャンが創世記1章26節から28節を利用して、人間は環境を好きなように搾取し、破壊しても良いと信じていると主張し、現在の生態系の危機の原因がキリスト教にあると非難してきました。この議論は、一九六七年にアメリカの科学史家リン・ホワイト博士が、キリスト教は世界がこれまで見た中で最も人間中心的な宗教だと非難したことから始まりました。[7]

今日の環境保護運動に関係する人々と話すと、多くの人がこの見解を受け入れ、キリスト教が結果として世界の混乱を引き起こしたと非難するでしょう。確かに彼らの意見にも一理あります。世界は私たちが好きなように使い、楽しむためにあるのだ、という説教者の言葉を見つけるのは難しいことではありません。環境に対する破壊の力が働いているときに、教会が沈黙していることがあまりに多いのです。クリスチャンはしばしば、まるで別世界の人間であるかのように、地上の役に立っていないようです。

しかし、リン・ホワイトをはじめ、彼の考えを発展させた人たちは実は的外れなことを述べています。今日の災害を引き起こしているのは、キリスト教国だけでなく、人間を自然よりも優先しているあらゆるイデオロギーです。一九九六年、私はシベリアを訪れ、スルグト市の北にある石油の豊富な地域に行きましたが、そこでひどい環境破壊を目の当たりにしました。ここではキリスト教ではなく、無神論的な共産主義が人間だけを大切にし、それ以外の被造物を無視していたのです。しかし、リン・ホワイトが間違っていたのは、もっと根本的な点にあります。聖書はこれまで見てきたように、被造物は人間のためではなく、神のためにあることを教えています。人間は、地球を大切にするために神に似せて造られ、また、地球の一部としてちりから造られたのです。

ですから、人間の性質の二つの側面は、バランスよく保持されなければなりません。どちらか一方を無視すれば、神の世界での真の居場所を得ることができません。私たちが被造物であると同時に、神に似せて造られた存在であることを忘れなければ、私たちは真に人間らしく、神から与えられた職務を果たし、同胞である被造物や地球、そして神と適切に関われるようになります。

聖書が五幕からなる壮大なドラマであるという話に戻りましょう。この第1幕ではドラマの主要な登場人物を紹介し、説明しました。神、被造物、そして人間です。筋書きは私たちの目の前に描かれています。関係性を大切にし、配慮があり、創造性のある神は、ご自身の性質を反映し、ご自身の所有物である良い宇宙を造りました。人間は被造物の一部でありながら、これらを世話するために特別に召されているのです。後ほど、神の似姿であることの意味と、それを今日どのように実践していくかという話題に戻ります。ここまでで多くの疑問に答えましたが、重要な問いが残っています。それは、人間は自らに託された特権と責任をどのように扱うのか、ということです。

〔質問〕

1　地球は神である、あるいは地球は神のものである、というどちらかの立場を取ってみてください。立場の違いによって、日常生活の実践はどのように異なってくるでしょうか。

2　「地とそこに満ちているもの　世界とその中に住んでいるもの　それは主のもの」（詩篇24・1）という聖書の洞察は、所有物や財産に対する私たちの態度にどのような影響を与えるでしょうか？

3　なぜ創世記は、人間が「地のちりから」造られたと同時に「神の似姿として」造られたことを強調しているのでしょうか？　私たちと他の被造物との関係には、それぞれどのような意味があるのでしょうか？

# 第二章　堕落――被造物のうめき声

エデンの園で問題が起こるのにそう時間はかかりませんでした。神が「非常に良い」と宣言し終えたとたんに、被造物の調和と美しさが乱されたのです。アダムとエバは禁断の実を食べてしまい、この完璧な園から追放されました。この劇的な出来事には、現代の私たちにも影響を与える重要な真理が含まれています。すなわち、神とその民、そしてその他の被造物との関係についての真理です。私たちが神の良い計画から外れてしまったことを認識しなければ、人間的にも環境的にも私たちが置かれている状態を理解することはできず、イエスがなぜ死んだのかを理解することも不可能です。

これは何よりも、壊れた関係性の物語です。アダムとエバが楽しんでいた神との友情と親密さは失われました。アダムとエバはエデンの園で神とともに散歩し、被造物の素晴らしさを楽しんでいました。アダムとエバが裸であった状況は、お互いに、そして神に対して隠すものが何もなかったことを示していました。しかし、神が唯一食べてはいけないと禁止をしていた木の果実を食べた後、すべての状況が変わってしまいました。アダムとエバは簡単な服を作ってお互いの裸を隠し、神が庭を歩く音を聞くと、木の間に隠れました。愛に満ちた関係性を築くことを創造の目的としていた神は、ご自身の似姿を帯びるよう選ばれた被造物に拒絶されたのです。

この聖書の出来事は、あっという間に悲劇に変わってしまいました。もう二度と元に戻ることはありません。腐食がこの世に入り込み、被造物の完璧さを台無しにしてしまったのです。聖書の残りの物語は、罪の到来による悲惨な結果と、神が代価を払ってイエスを通じて危機を解決する計画を描いています。私たちはアダムとエバだけを責めることはできません。聖書はイエス以外のすべての人間は、「アダムとエバのように」同じ選択をしていることを明確に述べています。パウロが言うように、「すべての人は罪を犯して、神の栄光を受けることができ」なくなったのです（ローマ3・23）。

たいていの場合、クリスチャンはこの悲劇を神と人間との関係性の崩壊という観点から捉えていますが、それは当然のことです。しかし、罪の結果はそれよりもはるかに大きいものです。確かに人間は神の恵み、善意、親密さを失いました。しかし、これは神と人間の壊れた関係性のみでなく、神が創造されたすべてのものとの良い関係性が台無しになったことを示しています。

簡単な図を作成してみました。これまで見てきたように、創造のドラマには三人の役者がいます。神、人間、その他の被造物です。これらの関係性を三角形に見立てましょう[8]（図1参照）。

私たち人間には、神との関係性、そして被造物との関係性があります。先ほど述べたように被造物もまた、神との関係性があります。人間が神に逆らうと神との関係性が崩れるだけでなく、三角形の他の辺にも影響を及ぼします。例えば、登山家たちが登山をする際に一本のロープでつながれていることを想像してみてください。一人が転落するとロープが引っ張られ、必然的に他の登山家たち全員に影響を与えます。別な例えで考えてみましょう。編み機を使って複雑な模様を作っている最中に一つの間違いが生じると、全体をほどくことになりかねません。被造物は関係性を大事にし、相互に依存し合っているので、一つの関係性の破綻が他のすべての関係性に影響を及ぼします。

図1

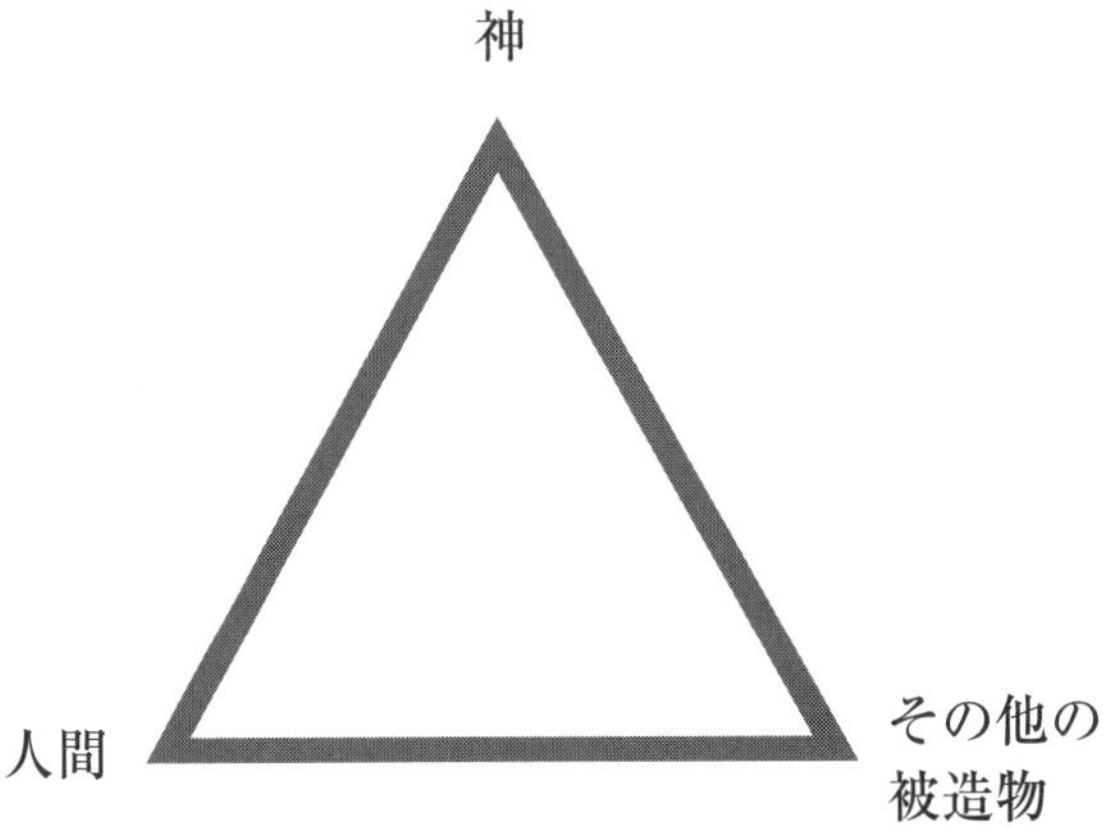


　人間は神が用意された素晴らしい計画に背いたために、少なくとも四つの壊れた関係性が生じました。創世記3章をはじめとして、聖書のいくつかの箇所にもそのことが記されています。

- 神と人間の関係性
- 人間同士の関係性
- 人間と自然環境との関係性
- 神と被造物との関係性

多くの場合、クリスチャンはこれらのうち、神と人間との関係性のみに注目してしまいます。私たちは神の前から投げ出され、もはや親密な関係性を持つことができません。神の視点から見ると、神と関係性を持つためにご自身に似せて造られた人間という被造物は、今や切り離され、神に対して反抗しているのです。

しかし、罪の堕落の影響はさらに大きく、人類最初の人間の間にもすぐに大きな亀裂が生じました。神がアダムに「なぜ禁断の果実を食べたのか」と問うと、アダムは「彼女がそうさせたのだ！」とエバを責めました。アダムは彼女の仲間や助け手になる代わりに、ライバル、もしくは敵にさえなってしまいました。ここで男女の戦いが始まってしまったのです。やがて人間同士の関係性はさらに悪化し、嫉妬、殺人（創世記4章のカインとアベル）へと発展します。そして、文化や言語の違いによる誤解や敵対（創世記11章のバベルの塔）へと広がりました。

性差別、人種差別、民族間の憎悪、攻撃的な民族主義、そしてその他のあらゆる偏見は、堕落から始まった人間関係の断絶に遡ります。これらの問題の原因は罪、つまり神への反逆なのです。この解決策はキリストの良き知らせ（福音）です。パウロがガラテヤ人への手紙3章28節で書いているように、「ユダヤ人もギリシア人もなく、奴隷も自由人もなく、男と女もありません。あなたがたはみな、キリスト・イエスにあって一つだからです。」。

人間同士の対立に加え、クリスチャンが最も多く見逃してきたのは、他の二つの壊れた関係性です。罪と堕落の深刻な影響は、私たちと他の種や地球との関係性、そして神と被造物全体の秩序との関係性の完全な崩壊にも及んでいます。創世記3章17〜19節で、神はアダムに言われます。

「……大地は、あなたのゆえにのろわれる。
あなたは一生の間、
苦しんでそこから食を得ることになる。
大地は、あなたに対して茨とあざみを生えさせ、
あなたは野の草を食べる。
あなたは、顔に汗を流して糧を得、
ついにはその大地に帰る。

あなたはそこから取られたのだから。
あなたは土のちりだから、
土のちりに帰るのだ。」

堕落のために「地」、すなわち地球そのものが呪われ、また、地球と私たち人間の関係も呪われてしまいました。仕事は実りある努力ではなく、汗をかき、苦痛を伴う重労働となりました。ガーデニングは楽しい共同作業から、手に負えない自然を耕していく骨折りな作業へと変化しました。神はこのような働きを通して、アダムに自身がちりにすぎず、炭素に基づく生命体であり、やがては腐って元の土に還ることをはっきりと思い起こさせています。

人類が神を拒み続けた結果、被造物の内には「癌」が存在し、体の内部から苦痛と破滅を与えています。罪は人間の心に入り込み、健康な細胞と癌細胞の対峙のように、善と悪の内なる戦いを引き起こしています。悪はまた自然界にも入り込み、私たちと地球、そして神と地球との関係性に影響を及ぼしています。このため、イエスがこの世に生まれたとき、「この方はもとから世におられ、世はこの方によって造られたのに、世はこの方を知らなかった」（ヨハネ1・10）のです。罪の結果は、被造物が自らの創造主を認識する能力にまで悪影響を及ぼしています。本書の第四章で見るように、罪の有害な成長は、神ご自身が御子の十字架上の死という高価な愛で介入することなしには止められなかったのです。

## 堕落した世界での痛みと苦しみ

今日、私たちは、罪の結果とそれに続く呪いを被造物のいたるところで目にしています。ローマ人への手紙8章の重要な箇所でパウロは、被造物は「虚無に服し」、「滅びの束縛」を受けている（20、21節）と語っています。ある年齢を超えると（私たちは自分の年齢を五年ほど欺き、実際よりも若いと思いがちです！）私たちの身体は、生きることに不便さを感じるようになってきます。視力や関節、細かいことを記憶する能力の低下から衰えの兆候に気づきます。老化した身体のように、世界全体には衰退や苦しみ、システムの不具合が生じており、生きることがもどかしくなります。科学者たちは、宇宙のあらゆるものが徐々に衰退し、崩壊していくエントロピーの進行について語っています。火山の噴火や海底の地震による津波など広大なスケールの自然災害を目の当たりにすると、被造物のうめき声が聞こえてくるようです。これはある特定の人物や特定の集団の責任ではありません。しかし、これらの出来事が人間の罪による被造物への呪いの一部であることを考えると、ある意味、私たち一人ひとりに責任があると言えるでしょう。

しかし、私たちはこの点を慎重に考える必要があります。なぜなら自然界には痛みや苦しみ、残酷さがより良いことにつながるケースもたくさんあるからです。例えば、木から落ちた葉が枯れて腐ることで土が再び肥沃になります。もう少し複雑な例を見てみましょう。私はカナダの美しい西海岸を訪れた際に、絶滅危惧種であるタイヘイヨウサケの保護が一つの種だけでなく、生態系全体の維持に不可欠であることを教えられました。これはサケが苦しみ、死ぬからこそ生じることです。ブリティッシュコロンビア州の常緑樹林を流れる小川で孵化したサケからこの一連のサイクルは始まります。サケは成長するにつれて下流へと泳いでいきます。そして大きな川と合流し、やがて巨大な太平洋の海へと流れ出します。太平洋の深くて冷たい海には栄養を与える小さな生物が豊富で、サケはその栄養がたっぷりな餌を食べて成長し、太ります。やがて本能の赴くままに元いた川や小川に戻り、そこでメスが卵を産み、オスがそれを受精させます。この時点で彼らの体は大きく、立派なのですが、役目は終えているのです。サケは死んだ後にクマやワシ、カモメ、その他の多くの捕食者の餌となります。サケを養った冷たい太平洋の深海の栄養分はサケを食べる生き物を通して循環し、その栄養分は土へと流れてそれを潤し、さらには巨大なセコイアメスギを含むブリティッシュコロンビア州の海岸林のように素晴らしく肥えた土地になります。これらのことはすべてサケが苦しんで死んだからこそ起こることなのです。

こういったことを考えると、すべての「自然」の苦しみや苦痛をどこまで堕落や罪がこの世に入り込んだ結果として捉えるべきなのか、謎が残ります。似たようなケースだと肉食でないトラやシャチを想像することも難しいかもしれません。このように答えることができない疑問がいくつか残っているものの、この地球が罪の存在によって悪影響を受けており、今もなおそうであることは確かです。

## 環境危機の根源

今日、ますます多くの人々が、環境危機の根底にあるものは霊的危機であると認識しています。私たちは不適切な情報や誤った判断だけでなく、利己主義によって世界を傷つけてきました。近所の店まで歩くのが億劫になって車で買い物に行くたびに、私たちは利己的になることを霊的に選択し、地球を主の所有物として扱うことに「ノー」と言っているのです。安い肉を買うときに、その動物が集約的で残酷な手法で飼育されているかどうかを考えないなら、私たちは創造主である神を軽んじています。エネルギーの浪費や、過剰な二酸化炭素が大気に与えるダメージについての事実を知っていながら、うっかりとテレビを待機状態にしたり、家中の電気をつけっぱなしにしているならば、私たちは地球に害を与えているだけでなく、神や同胞の被造物に対しても罪を犯していることになるのです。これらはやっかいな真実であり、私自身しばしばこういったことをすぐに失敗してしまいます。

しかし、私たちが人間と神との関係性、そして人間と地球との関係性のつながりを理解することは極めて重要です。ホセア書では、預言者は周りを見て、収穫の失敗と生態系の崩壊を目の当たりにしています。何が間違っているのかを分析する際、彼は神を責めることもアダムの時代に被造物にかけられた呪いを責めることもしません。その代わりに彼は周囲の人々の行動を非難しています。

イスラエルの子らよ、主のことばを聞け。
主はこの地に住む者を訴えられる。
この地には真実もなく、誠実さもなく、
神を知ることもないからだ。
呪いと、欺きと、
人殺しと、盗みと、姦通がはびこり、
流血に流血が続いている。
それゆえ、この地は喪に服し、
そこに住む者はみな、
野の獣、空の鳥とともに衰え果て、
海の魚さえも一掃される。（ホセア4・1〜3）

この箇所では、原因と結果が明確に結びついていることに注目してください。動物や鳥や魚が死んでいるのは、人々の罪のせいなのです。重要なのは、被造物に害を与えるのは「環境的な罪」だけではありません。私たちが持続不可能な生活を送ったり、過剰な消費をするときに被造物は害を受けます。つまり、新たに植林することなく森林を切り倒したり、吸収能力を超えて大気を汚染することです。環境に悪い結果をもたらすのは、人々の道徳の欠如です。嘘、盗み、殺人や姦淫は、他の人々や神との関係性にだけ影響を及ぼすのではありません。それらは自然界にも影響を与えるのです。道徳の欠如と鳥や動物に関連性がないように見えるかもしれませんが、たしかに関係しています。神―人間―被造物の三角形を思い出してみてください。一辺が壊れると、その他の辺が影響を受けます。私たちが、神に対して利己的な振る舞いをすることは、クモの巣の糸が一本が切れ、網全体に波紋が広がるようなものです。

ここで一つ注意すべきことがあります。ホセアはすべての生態系の災害が、その周辺地域の人々によって引き起こされるとは主張していません。「姦淫すれば来年は雨が降らない」とは言えないのです。ソマリアやスーダンが、ひどい食糧不足に見舞われているのは、北アフリカの人々が他国の人々よりも罪深いからではありません。発展途上国の貧しい農民は、異常気象や病気によって真っ先に苦しむことが多いですが、彼らの大部分は他の場所における汚染や貪欲さの犠牲者です。二〇〇一年に英国で口蹄疫が発生した際、ジェームズ・ジョーンズ司教は、「長年にわたるさまざまな農業危機は、被造物を侵害したやり方に対する神の裁きかもしれない」と発言して非難されました。[9] メディアはこのことを取り上げて、あたかも司教が「農業危機は悪質な農民が自ら招いたことだ」と発言したかのように報道しました。実際には、司教はこれまで私たちが検証してきた聖書の真理を繰り返しただけでした。最終的に、私たち一人ひとりに責任があります。神の道を道徳的に、また良い管理者として守らなかったことは、私たち人間と神との間の関係性だけでなく、土地にも必然的な悪影響を及ぼしているのです。一辺の崩れは三角形全体に影響を及ぼし、一つの裂け目はクモの巣の網全体にダメージを与えます。

注意すべき理由はもう一つあります。こうしたことが神の裁きなのか、堕落によって引き起こされた自然の秩序の無作為な混乱なのかを区別することは非常に困難です。シロアムで塔が倒れて地元の住民が亡くなったとき、イエスは当事者を責めませんでした（ルカ13・4〜5）。新約聖書では、終末における神の最後の審判がより強調されています。その中心はイエスの十字架であり、そこで罪が要求する、免れることができない裁きを神が自ら受けているのです。

私たちは、農業危機や自然災害を、すべて道徳に背く特定の行為のせいにしたい、という誘惑に抵抗しなければなりません。その一方で不適切な管理（スチュワードシップ）と道徳の崩壊が環境的な災害につながることもあるでしょう。「思い違いをしてはいけません」とパウロは記しています。「神は侮られるような方ではありません。人は種を蒔けば、刈り取りもすることになります」（ガラテヤ6・7）。今日、私たちは、汚染、資源の減少、気候変動という点で、自分たちや先祖が蒔いた種を刈り取っています。危機の規模は私たちがこれまでに直面したことのないほど大きくなりました。これが霊的危機であることを認識しない限り、私たちはこの危機を解決することはできないでしょう。

過去四十年間、環境保護運動は拡大している環境危機の解決に取り組んできました。地球の影響に関する科学的根拠は、多くの懐疑論者を徐々に納得させています。世界最高峰の科学者たちは、古くて汚染を推進する技術に代わる新しい技術の開発に取り組んできました。しかし今日、この危機は科学や教育だけでは解決できないと認識する人が増えています。キュー王立植物園の園長だったギリアン・プランス博士は、「科学だけではこの状況を解決することはできません。なぜなら、これは私たちの行動の大きな変化を求める道徳的、精神的、倫理的な問題だからです」と述べています。[10]

気候変動に関する報道がされたり、意識を高めるための多くのキャンペーンが行われているにもかかわらず、人々のライフスタイル自体にはほとんど変化はありません。私たちに何よりも必

要なのは、深い心の変化です。個人としても集団としても、私たちは「ライフスタイルを変えることなく環境問題を解決できるという楽観的かつ」不可能な夢を見て生きてきました。私たちは地球を大切にするという、神から与えられた神聖な信頼を裏切ってきたことを認めなければなりません。私たちは、悔い改める必要があります。なぜなら利己的で軽率な生き方によって、神や被造物、そして人間同士に対して罪を犯してきたからです。

何年もの間、教会内外でこのメッセージを説いてきましたが、宗教とは関係のない自然保護団体を含む他の人々も同じように言っていることに勇気づけられます。二〇〇二年にヨハネスブルグで開催された持続可能な開発に関する世界サミットは転機でした。出席者の多くは一九九二年の地球サミットに出席しており、当時は国際協力によって世界の環境問題に対処できるという楽観的な見方が広がっていました。それから十年経ってもなお、多大な努力にもかかわらず、進展がほとんど見られませんでした。その主な理由は人々が汚染を引き起こすライフスタイルを手放したくなかったからです。ヨハネスブルグでは、世界の信仰共同体もこの問題に参加するように呼びかけがありました。宗教は人々の内的動機の変化に精通していると認識されていたからです。その一例として、世界自然保護基金（WWF）は「Sacred Gifts for a Living Planet（生きている地球への聖なる贈り物）」と呼ばれるプログラムを開始し、プレスリリースの中で「信仰者に向けて、環境保護において果たす重要な役割を拡大するように奨励する」と述べています。

マイケル・シェレンバーガーとテッド・ノードハウスは、「環境主義の死」という論文の中で次のように記しています。「環境保護主義者は、狭量で技術的な政策提言を売り込むのではなく、むしろ私たちが何者であるか、何者になるべきかを理解するために、神話や宗教の創造的な世界観に触れるべきである。[11]」地球に影響を及ぼした霊的な危機は、ついに環境保護運動にも影響を与えています。環境保護主義者たちは、私たちが与えた被害を説明し、未来に希望を与えるような世界の見方を求めています。私たちが聖書を見つめ直し、神が与える挑戦に耳を傾け、自らのライフスタイルを変える準備ができれば、これはクリスチャンにとって大きなチャンスなのです。

## 裁きと希望

神はご自身の美しい被造物にこのような惨状をもたらした霊的な反逆についてどのように感じておられるのでしょうか。聖書の最後の書簡は以下のように率直に述べています。「あなたの御怒りが来ました。死者がさばかれる時……地を滅ぼす者たちが滅ぼされる時です」(黙示録11・18)。別の訳では「神は言われる。『私は地球を破壊する者たちを滅ぼす』」と簡潔に書かれています〔原著の英文より直接翻訳〕。私たちの社会が大気に有害ガスをまき散らし、海を汚染し、地をゴミで埋め尽くし、地球を使い捨てのおもちゃのように扱っていることを神は気にかけているのでしょうか? もちろん気にかけています。神が「非常に良い」と宣言されたものを破壊する者たちに対して、神の怒りは高まっています。

とはいえ、神には裁きと同時に、憐れみもあります。ローマ人への手紙8章は、被造物のうめき(20〜21節の「虚無に服した」、「滅びの束縛」)から、裁きを超えた新しい希望の始まりへと移っていきます。被造物のうめき声は、滅びゆく世界の死の苦悶ではなく、「産みの苦しみ」(22節)と表現されています。出産とは絶望ではなく、「被造物自体も、滅びの束縛から解放され、神の子どもたちの栄光の自由にあずかります」という希望です(21節)。その意味を正確に知るには、本書の五章を読む必要があるのですが、現時点では以下のような考えにまとめておきます。

この世界が悪いことばかりであるにもかかわらず、神は被造物を見捨ててはいません。神の似姿は歪められ、生態系に災いの種が蒔かれたかもしれませんが、大地は今もなお神の力、栄光、性質、備えを表現していると詩篇は教えています。山や海や川、動物や鳥は、今もなお神の力あるみわざなのです（詩篇19篇、147篇）。神のみわざが人間の愚かさによっていかに損なわれようとも、それらはなお偉大な神を証ししており、神はなお被造物を支えておられます。

〔質問〕

1　人類と被造物との関係性の断絶について、現在の世界で、また、私たち自身の生活の中で、どのような例を見ることができますか？

2　すべての苦しみや痛みが、堕落や罪が世界に侵入したせいだとどこまで言えるでしょうか？　最近のニュースやあなた自身の経験したことから実際の例をいくつか思い浮かべてみてください。

3　世界自然保護基金（ＷＷＦ）は、信仰共同体が「環境保護において果たす重要な役割を拡大する」ように奨励すると書いています。このプロセスに参加する方法はありますか？

# 第三章　土地――人々と置かれた場所

「土地」は、おそらく聖書の中で最も見過ごされているテーマです。キリスト教のメッセージを考えるとき、真っ先に「土地」のことを思い浮かべる人はいないでしょう。キリスト教の福音を要約して説明するとき、説教者たちはいつも、問題（堕落）から解決策（イエス）に飛躍しがちです。

しかし、聖書の大半は堕落とイエスの間に起きた事柄について書かれています。それは五幕からなる聖書のドラマの中心、第三幕です。この幕はアダムとエバがエデンから追放されてからイエスが到来するまで続いています。この章で取り上げる第三幕の重要なテーマは、イスラエルという一つの民族と土地の歴史についてです。何より、イスラエルの「選ばれた民」と「約束の地」に関する物語です。聖書に「土地」に関する記述が登場するのは、私たちをイエスが登場するまで期待に満ちて待たせるためではなく、堕落した世界で私たちが本物の人間としてどう生きるべきかについて、きわめて重要な洞察を与えてくれるからです。「土地」というテーマがいかに重要で、なおかつ見過ごされているかを理解するために、旧約聖書では二千回、新約聖書では二百五十回も土地に言及していることは注目すべきです。[12] アブラハムの生涯を見るだけでも、神が交わされた四十六の約束のうち、四十の約束が土地に言及しており、そのうち二十九の約束は土地を中心に取り上げています。

聖書全体に表れる言葉を数えてみると、土地に関する記述は、信仰義認、悔い改め、バプテスマ、キリストの再臨よりも多いことがわかります。[13] ウォルター・ブリューゲマンは、彼の重要な著作の中で、「土地は聖書信仰の中心テーマの一つ、もしくは中心テーマそのものだ」と論じています。[14] しかし、私たちが教会で「土地」を題材とした説教を聞いたことがあるでしょうか。土地利用の変化、科学的ジレンマ、資源の枯渇、そして地球規模の生態系危機が生命そのものを脅かしている時代において、自分たちが住む土地をどのように扱うべきか再確認することを、神は望んでおられるのかもしれません。

## 土地は神に属している

第一幕では被造物全体が神のものであることを確認しました（詩篇24・1）。私たちは「自分の土地」や「自分たちの国」について語ったり、土地を売買することはできますが、人間の土地の所有権は常に神の権利に対して二次的です。人間は神の土地の賃借人や管理人にしかなりえません。クロコダイル・ダンディーが映画で言った有名な言葉に以下のようなものがあります。「自分たちの住んでいる土地が誰のものかについて言い争うのは、二匹のノミが自分たちが寄生している犬がどちらのものかを言い争っているようなものだ。」

神がアブラハムに「民」と「土地」を与えると約束したとき、神は何を意図していたのでしょうか？　この約束は、人類が神の最初の計画を果たせなかった直後に与えられています。それは人間が土地とそこにあるすべてのものを世話することで神の似姿を現すという計画でした。アブラハムを呼び、天の星の数ほどの子孫を与えると約束することで、神は救いの計画を開始されました。人類全体が神の完全な意志を放棄してしまったために、神は一つの民、聖なる国を選び、ご自身の約束を守るようにしました。この選ばれた民の定めは、特別な土地を占領し、その場所で被造物の世話をすることで、神の似姿を現すという人間の運命を実現することです。イスラエルの運命は政治的なものだけではありません。ここで言う「土地」は、高い城壁と国境警備隊を備えた領地のことではありません。神に選ばれた民がその土地に住むことによって、人類と地球との関係性を体現する点で、より霊的かつ環境的な意味での土地を表します。

「(イスラエルの) 民」と「(イスラエルの) 土地」の関係は、神からの一つの約束から始まりました。土地は神が与えるものであり、アブラハムの子孫がその土地を占領すると約束したのも神でした。たとえ民が武力で土地を征服したとしても、それは神が土地を与えたからにほかなりません。無事に定住できたとしても、その土地は神のものであり、完全に民のものではありません。レビ記25章で、主はイスラエルに、七年ごとに安息として土地を休ませ、売られた土地は、五十年ごとに元の所有者の家族に返還するように命じています。「土地は、買い戻しの権利を放棄して売ってはならない。土地はわたしのものである。あなたがたは、わたしのもとに在住している寄留者だからである。」（レビ記25・23）

土地は神のものという事実を表すように、旧約聖書にある土地の所有権のあり方は、当時の近隣社会とは根本的に異なっていました。他の国々では王や有力な首長が土地の大部分を所有していました。しかしイスラエルでは、「土地」はできる限り広く分割され、親族による複数所有とされていました。このシステムを維持するために、土地は商業的に売買されることはなく、親族の中で保持されなければいけませんでした。[15] 列王記第一21章に登場するナボテのぶどう畑の話は、このことを物語っています。アハブ王はナボテの土地を欲しがり、買い取ろうとしましたが、ナボテは「私の先祖のゆずりの地をあなたに譲るなど、主にかけてあり得ないことです」と答えました（I列王記21・3）。ナボテは、その土地を自分のものだとは思っていませんでした。彼はその土地と固く結ばれていたのです。つまりその土地を占有していた先祖や、その土地の継承を約束された子孫、そして最終的な土地の所有者である神に結ばれていたのです。

## 私たちは土地に属している

これまで、神、民、被造物の三角形の関係性を見てきました。同じように、旧約聖書の多くは聖なる創造主、選ばれた民、約束の地との関係性を描いています（図2参照）。民が神との関係でつながっているように、神は土地とつながり、土地を所有しており、民もまた土地とつながっています。

人間と土地の関係は、天地創造にまで遡ります。私たちは土のちりから造られているので（創世記2・7）、土そのものに親近感を持ちます。創世記2章でヘブライ語の「人間」（アダム）という単語が、意図的に「地（アダマー）」という単語から派生していることを前章で確認しました。「人間（human）」、「腐植土（humus）」、そして「謙遜（humility）」は［英語で］共通の語源を持っています。［こうした語源を考えると］私たちは地球における自分の立場について真に謙虚であるべきでしょう。

図2

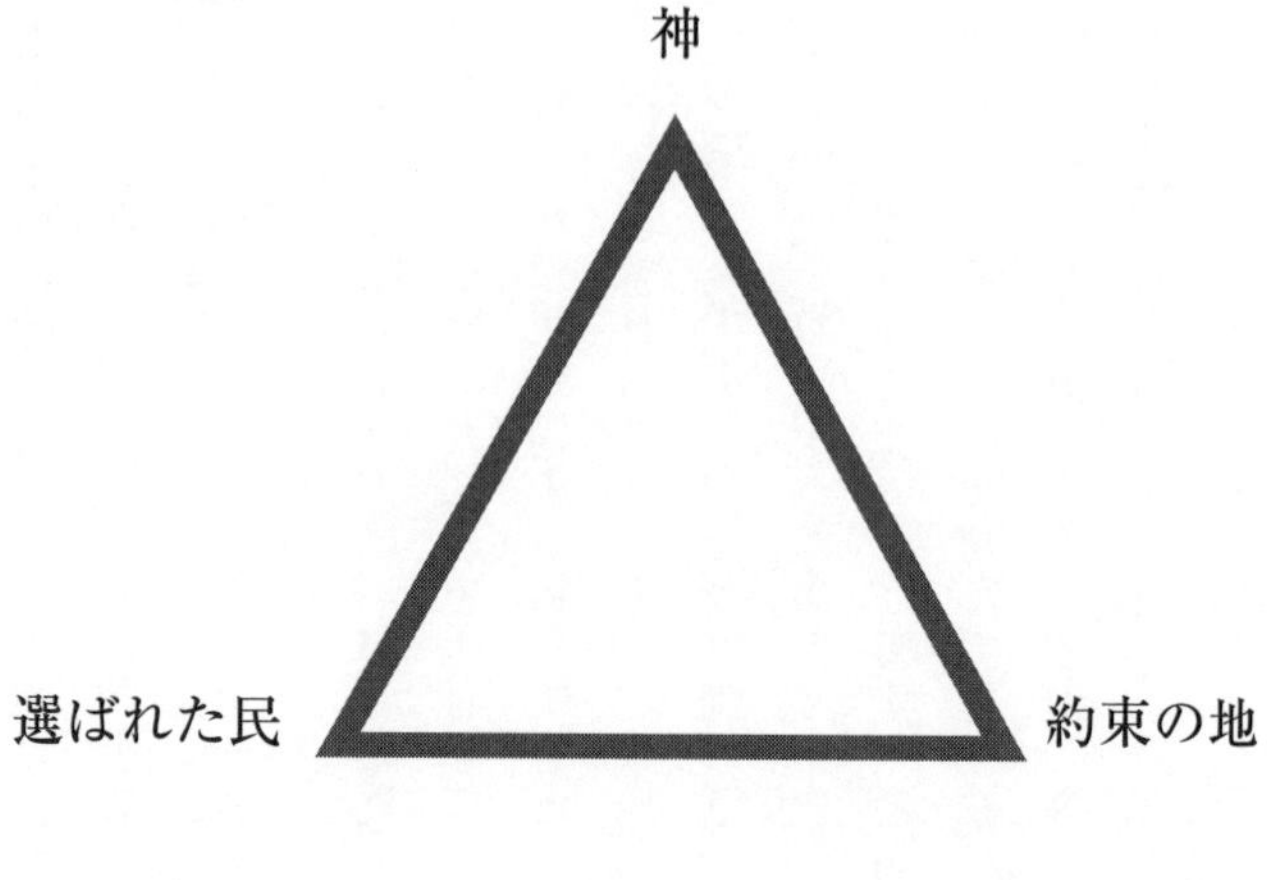

神は私たちを、空白の中で生きる実体のない魂として創造されてはいません。むしろ、物理的、地理的、地上的な関わりの中で生きるように造られました。神が関係性を大事にするように、私たちも関係性を必要とする存在として造られました。物理的な存在である私たちは、地に足をつけ、根を張り下ろすことができなければ、根こそぎ立ち退かされ、居場所を失うことになります。ラス・パーカー牧師は「全人類の最も強くて基本的な欲求のひとつは、属することである。すなわち、つながり、根を張り、成長できる場所や土地に属することである」と言っています。[16]

人工的な環境を急速に移動できるような大都市に住む人々は、季節の周期や天候の変化から切り離されており、場所とのつながりをほぼ失っています。もはやほとんどの人は、家族やコミュニティとともに、人生の大半を一つの住み慣れた場所で暮らすことはありません。しかし、このポストモダンでグローバル化が進んだ世界においても、聖書の物語は私たちに新たな希望を与えてくれます。

イスラエルの民は放浪と定住、両方の生活を知っていました。彼らは遊牧民や流浪者として時間を過ごしただけでなく、定住者として約束の地に滞在しました。エレミヤ書29章には、私たちが経験しているような離散と絶滅の時代に向けて語られたことばがあります。それは、自分たちのものではない国へと追放された流浪の民に対する神のことばです。

「イスラエルの神、万軍の主はこう言われる。『エルサレムからバビロンへわたしが引いて行かせたすべての捕囚の民に。家を建てて住み、果樹園を造って、その実を食べよ。妻を迎えて、息子、娘を生み、あなたがたの息子には妻を迎え、娘を嫁がせて、息子、娘を産ませ、そこで増えよ。減ってはならない。わたしがあなたがたを引いて行かせた、その町の平安を求め、その町のために主に祈れ。その町の平安によって、あなたがたは平安を得ることになるのだから。』」（エレミヤ29・4～7）

私が住んでいるロンドンの一角は、エレミヤのことばが響くように、さまざまな文化と言語が混在しています。私の周りには、スリランカ、イラク、アフガニスタン、ソマリア、パキスタン、グレナダ、インドなど多くの国から英国にやって来た人たちがいます。彼らにとって故郷は遠く昔の懐かしい思い出であり、大都市ロンドンは寒く、汚く、惨めな場所です。バビロンに亡命したイスラエルの民（エレミヤ書29章は彼らに宛てられています）のように、多くの人々は他の場所に行きたいと願い、その地に根を下ろしたいわけではありません。

しかし、彼らに対する神のことばは明確です。「家を建てて住み、果樹園を造って、その実を食べよ。……わたしがあなたがたを引いて行かせた、その町の平安を求め、その町のために主に祈れ」（エレミヤ29・5、7）。神は、たとえ私たちが選んだ場所でなくても、私たちが好きな場所でなかったとしても、どこにいても根を下ろすことを望んでおられます。その根は、人間としての心理的、そして霊的な健康のために不可欠なのです。また根を下ろすことは、私たちが土地や周辺の自然環境と健全な関係性を築くためにも必要不可欠です。

特定の場所に根ざすことの重要性は新約聖書にも受け継がれています。イエスは場所との関係性について模範を示されました。彼は土地と密接に結びついた地域社会の一員としてナザレで三十年を過ごしました。私は時々「三十対三の原則」について話すことがあります。現代の私たちは、三十年間プロとして働く前に三年間修行することが期待されるかもしれません。しかし、イエスはその逆を行いました。わずか三年のミニストリーのために、一つの文化、場所、環境に三十年間根を下ろしたのです。

パウロはアテネで、創造主である神が、人々が神を求め、神を見出すことができるように（使徒17・27）、人々が住むべき場所を正確に定めたことを説明しています（26節）。私たちは特定の場所での被造物との長期的な関わりによって、神の栄光のヒントを見つけ、神との関係性を求め始めるのです。

クリスチャンはしばしば信仰の霊性を強調しすぎて、信仰が場所と密接に結びついていることを忘れています。この世界は、神から与えられた私たちの家です。だいぶ傷んでしまいましたが、良い家です。素晴らしい多様性と美しさを秘めており、神の御子イエスが祝福して、ご自分の家にもされました。イエスがナザレの裏小路や荒々しい大工小屋、シナイの砂漠で神との関係性を築かれたように、神が私たちを植えてくださったところに根を下ろすべきなのです。この聖書のテーマが、私たちの生き方にとって実践的で日常的な意味を持つことを後で述べていきます。

## 人と神との関係性における土地

今日多くの人々にとって、レビ記、民数記、申命記は聖書の中でも最も難しい書簡でしょう。現代の生活とはほとんど関連のない、細かい規則で満ちているように見えます。しかし、ひとたび土地の重要性を理解すれば、その意味はより深まります。神の似姿である人間に、神は土地とそこに住む生き物の世話について詳細な指示を与えているのです。クリス・ライト博士は、「神によるモラル検査の範囲外で、この土地の中で、上で、そしてともにできることは何一つない」と言っています。[17] 旧約聖書の律法の細部は、家畜福祉から農地の辺縁部の必要性まで、農作業のあらゆる詳細について記しています。

例えば、申命記22章6～7節には次のように書かれています。「たまたま道で木の上か地面に鳥の巣を見つけ、そ

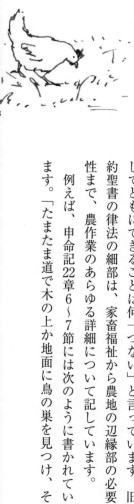

れにひなか卵があり、母鳥がひなか卵を抱いている場合、その母鳥を子と一緒に捕ってはならない。必ず母鳥を去らせて、子を捕らなければならない。それは、あなたが幸せになり、あなたの日々が長く続くようになるためである。」この聖句は、一見するとランダムでつながりがないように感じるかもしれませんが、被造物や神との関係について、重要で実践的な原則を与えています。神はご自分の民が野生動物を食物として「採取」することを許しておられます。例えば鳥のヒナや卵を獲る場合、より多くの卵を産み、子育てができるように母鳥は手を出してはいけません。ここに、学び直すべき持続可能な生活の原則があります。

鳥の巣に限らず、神の創造のあらゆる面で、私たちは「短期的に何を得るか」だけでなく、「長期的に自分の行動が自然環境にどのような影響を与えるか」を問うべきです。例えば、海洋問題の持続可能性を考えてみましょう。ある種が回復しないほどの悲劇的な乱獲を行わなければ、漁業は危機に瀕していないでしょう。持続可能な生活とは、被造物の資源をそれらが自らを再生できる範囲でのみ使用することです。

この中命記の箇所は、私たち自身の幸福が野生動物を尊重し保護することに深く関わっていることも明確にしています。神は、母鳥を逃がした結果、「あなたが幸せになり、あなたの日々が長く続くように」と言われているのです。イスラエルの民の土地での幸福は、土地を大切にするようにという神の助言に従うことと結びついていました。そのことを踏まえると、私たちの幸福、さらには生存は、私たちが神の被造物の中での相互依存性を再認識することにかかっています。

レビ記19章9～10節には次のように書かれています。「あなたがたが自分の土地の収穫を刈り入れるときは、畑の隅々まで刈り尽くしてはならない。収穫した後の落ち穂を拾い集めてはならない。また、あなたのぶどう畑の実を取り尽くしてはならない。あなたのぶどう畑に落ちた実を拾い集めてはならない。それらを貧しい人と寄留者のために残しておかなければならない。わたしはあなたがたの神、主である。」

この聖句では節制が重要な原則です。過去六十年間にわたって、世界中の農地では、生産性を向上させるために大きな圧力がかけられてきました。これは、人工肥料や農薬、作物品種の改良、そして農地の隅々から成果を絞り出すことによって達成されてきました。農家が貪欲であったこともありますが、彼らはむしろ政策や小売店、世界経済の圧力による犠牲者であった場合が多いのです。

この聖句は、土地利用は生産性だけを考えてはいけないことを示しています。収穫や利益の大きさだけが神にとって重要ではないのです。地面に落ちていたり端に生えている穀物などの「落ち穂」は、貧しい人々や外国人、そして野生動物のために提供されました。垣根や余白のない超大型の単一栽培農場は、大きな利益を生むかもしれませんが、野生生物にとっては悲惨な方法であり、最終的には神を敬わない結果になります。困っている人のために十分な量を残すという教えは、単に社会的なものでも、生態学的なものでもありません。「わたしはあなたがたの神、主である」という霊的な教えなのです（10節）。このレビ記の一文は、消費者である私たち一人ひとりの意識に刻まれるべきです。ここが神の世界である以上、私たちはその資源の管理について説明をするよう求められるのです。

最後の原則は土地の安息についてです。レビ記25章2～7節で、神は民にこう告げています。「イスラエルの子らに告げよ。わたしが与えようとしている地にあなたがたが入ったとき、その地は主の安息を守らなければならない。六年間はあなたの畑に種を蒔き、六年間ぶどう畑の刈り込みをして収穫をする。七年目は地の全き休みのための安息、主の安息となる。あなたの畑に種を蒔いたり、ぶどう畑の刈り込みをしたりしてはならない。あなたの落ち穂から生えたものを刈り入れてはならない。あなたが手入れをしなかったぶどうの木のぶどうも集めてはならない。これは地のための全き休みの年である。地の安息はあなたがたに食物をもたらす。すなわち、あなたと、あなたの男奴隷と女奴隷、あなたの雇い人と、あなたのところに在住している居留者のため、また、あなたの家畜と、あなたの地にいる獣のために、その地の収穫はすべて食物となる。」

何千年も前に書かれたこの聖句は、土地を絶えず休ませないで集中的に耕作することは不可能であり、休息が必要であるということを明確に示しています。欧州連合が土地の休耕の原則を導入したときは農家にお金を支払って休耕を促しましたが、それが聖書の安息の原則を復活させたことに気づかなかったようです！

休息の原則は、創世記1、2章にある七日間の創造の秩序に記されています。人間だけでなく、動物も土地も休息が必要であり、休息がなければすべてが苦しむことになります。最も印象的なのは、この箇所が人と土地の関係性を神との関係性に結びつけていることです。これは「主に対する」安息なのです。私たちは、神を敬うように土地を扱わなければ、神と健全な関係性を築くことはできません。安息日を祝うことによって、神に頼る感覚を取り戻すこともできます。土地が実を結ぶのは、私たちが一生懸命働くからではなく、私たちが休んでいるときにも神が必要を備え、世話してくださるからなのです。

こうした旧約聖書の掟はすべて、イスラエルの特殊な状況に合わせて与えられたものであり、現代社会では必ずしも文字どおりに置き換えられません。しかし、現在でも通用する根本的な原

則を示しています。神はすべての被造物と土地の福祉について大きな関心を寄せており、人間は神に対して土地の扱いの責任を負っています。その原則は被造物そのものから導き出されており、どこにおいても当てはまります。

## 霊的バロメーターとしての土地

旧約聖書は、イスラエルと神との関係性の絶え間ない浮き沈みと、その結果生じる被造物への影響を描いています。豊かな収穫と恵みの時代も、飢饉と追放の時代も、すべて霊的な従順と不従順に関連しているのです。クリス・ライト博士は申命記28章から30章について「土地そのものが神の祝福と呪いの舞台であり、主体でもある」と述べています[18]。

聖書の偉大なドラマにおいて、土地は単なる風景や背景ではなく、物語の主要な登場人物なのです。聖書は何度も土地に対して能動態の動詞を使っています。それは土地そのものが生きていることを示唆するだけではなく、神の祝福と呪いの主体であることを強調するためです。いくつかの例を見てみましょう。

詩篇にはこう記されています。

全地よ、主に喜び叫べ。
大声で叫び、喜び歌い　ほめうたを歌え。
……
海とそこに満ちているもの
世界とその中に住むものよ　鳴りとどろけ。
もろもろの川よ　手を打ち鳴らせ。
山々も　こぞって喜び歌え。（詩篇98・4、7〜8）

川、木、山、土といった無生物でさえ、神を賛美するよう招かれています。神が動かれるとき、大地も反応するのです。詩篇66篇は、神の行いを大地が賛美するよう招いています。

全地よ　神に向かって喜び叫べ。
御名の栄光をほめ歌い
神の誉れに栄光を帰せよ。

神に申し上げよ。
「あなたのみわざは　なんと恐ろしいことでしょう。
偉大な御力のために
あなたの敵は　御前にへつらい服します。
全地はあなたを伏し拝みます。
あなたをほめ歌い
あなたの御名をほめ歌います。」（詩篇66・1～4）

しかし、土地は神の恵み深い行いにポジティブな反応をするだけでなく、人々が神の命令を守らなかったり、神が被造物に裁きを下さざるを得なかった場合に、ネガティブな反応を示します。前章では、ホセア書4章1～3節を通して、私たちを取り巻く道徳的な失敗と身近な生態系の問題の関連性について考察しました。このテーマについては預言者エレミヤも論じています。

「いつまで、この地は喪に服し、
すべての畑の青草は枯れているのでしょうか。
そこに住む者たちの悪のために、

家畜も鳥も取り去られています。
人々は『神はわれわれの最期を見ない』
と言っています。」（エレミヤ書12・4）

ここで土地が霊的なバロメーターとして機能していることは明らかです。神の民の道徳的な不従順に対して、土地は「嘆き」、衰えながら反応しています。このことによって野生生物と自然のシステムはすべて影響を受けます。ホセア書が言うように、この原因は単に不十分なスチュワードシップや生態系の誤った管理ではありません。呪い、嘘、殺人、盗み、姦淫など、道徳的な失敗が環境破壊に直結しているのです。偶像礼拝（エレミヤ書3・6～10、16・18）、流血（民数記35・33～34）、約束を破ること（イザヤ書24・5～6）などの罪は、すべて土地に影響を及ぼします。

三角形の関係性の図は、道徳的な失敗と生態系へのダメージの関係性を説明するのに役立ちます。私たちが神に対して罪を犯すとき、神と人間を結ぶ線は断ち切られ、三角形の他の辺にも影響を及ぼします。

神の民が土地の扱いにおいて、神の似姿を表すことができず、土地を傷つけ続けるならば、そうした行いはやがて顕にされます。胃が異物を激しく排出するように、土地はイスラエルの民を強制的に追放しました。「あなたたちもその土地を汚すならば、先住民を吐き出したと同じように、土地があなたたちを吐き出すであろう。」（レビ記18・28、新共同訳〔訳注2〕）
今日、私たちは生態的被害が増加している時代に立っています。その因果関係はシンプルなこともあります。不十分なスチュワードシップ、悪い管理、貪欲さは生態系に直接影響を与えています。不従順という点で、私たちが蒔いた種を自分で刈り取っている側面もあるでしょう。ただし、自然災害のすべてを、地域社会の道徳的な失敗のせいにしないように注意する必要があります。罪の結果は被造物全体に不均等に、そしてランダムに分布されています。それでも聖書の根底にある原則は避けられません。神の道を守らないことは、神との関係性だけでなく、土地にも必然的に悪影響を及ぼすのです。

## 土地を癒やすとは？

もし土地が人間の罪の結果で苦しんでいるとしたら、それを癒やすために何ができるでしょうか。「土地を癒やす」という言葉は、聖書では歴代誌第二7章に一度だけ出てきます。ソロモン王がエルサレムの新しい神殿を神に献げる場面です。生贄が献げられ、神の栄光が降り注いで神殿を満たした後、神ご自身がソロモンに語りかけます。

わたしが天を閉ざして雨が降らなくなったり、あるいはわたしがバッタに命じてこの地を食い尽くさせたりして、わたしがわたしの民に対して疫病を送ったときには、わたしの名で呼ばれているわたしの民が、自らへりくだり、祈りをささげ、わたしの顔を慕い求めてその悪の道から立ち返るなら、わたしは親しく天から聞いて、彼らの罪を赦し、彼らの地を癒やす。（Ⅱ歴代誌7・13〜14）

「土地を癒やす」というフレーズは、ワーシップソングや説教でよく耳にします。このフレーズは、神に背を向けた国民に対して、神の恵みが戻るようにという意味で使われることが多いです。しかし、これは的外れな見方です。歴代誌第二7章14節は、社会的、政治的な意味ではなく生態学的な意味で「土地」について語っています。これは主として国民を癒やすことではなく、場所を癒やすことを示しています。13節で言及されている干ばつ、病気、不作といった問題から、自然地理的な地域を癒やすことです。

ここで重要なのは、環境の癒やしは主にリサイクルやダウンサイジング、資源の管理によってではなく、悔い改めて神に立ち返ることによってもたらされるということです。土地が癒やされるのは、そこに住む人たちがその土地が誰のものであるかを認識し、神との壊れた関係性、そして土地と人との壊れた関係性を修復するときだけです。環境の危機が究極的には霊的な危機であるならば、治療法もまた霊的なのです。

気をつけなければならないのは、豊作が霊的な純粋さの証しであるという、いわゆる「環境版の繁栄の福音」の危険性があることです。神は、私たちの祈りや義によって操られる機械ではありません。豊作が常に神の祝福のしるしとは限りません。それは単に良い天候のしるしかもしれませんし、短期的には利益を上げても土や生態系全体の長期的な健全性を損なう農業政策の結果かもしれません。

聖書は、この世での物質的な繁栄や肉体的な健康を約束していません。また、今すぐ完全な環境の回復を約束していません。この世に罪が入り込んだことで、自然が作用する仕組みが不規則になりました。罪深い人間だけでなく被造物全体が人間の罪のゆえに「虚無に服し」、「産みの苦しみ」にうめいている（ローマ8・18〜25）のです。太平洋の海底火山の噴火は日本の洪水を引き起こすかもしれないし、ウクライナの原発事故はカンブリアの羊を被曝させるかもしれません。英国からの工業汚染がスカンジナビアの森林に損害を与えるかもしれません。グローバルな世界において、私たちはみんな一緒なのです。

逆に、信仰と土地は何の関係もないと考えることは、別の危険性を伴います。もし悔い改めて神に立ち返ることが自然環境にどのような恩恵をもたらすのか想像することが難しいのであれば、それは神の世界がいかにすべてつながっているかを忘れているのです。歴代誌第二7章14節の約束は、ソロモンとイスラエルの人々に与えられていますが、現代の私たちにも当てはまります。神は土地に癒やしをもたらすことを切望しておられます。人々が個人的な道徳と大地の管理、この両方において悔い改めて神に立ち返るときに、神の癒やしの恵みは土地そのものを癒やすために解き放たれます。

地域社会が、悔い改めの祈りと新たな従順をもって神に立ち返るとき、土地がどのように変えられるかについては、世界中で驚くべき物語がいくつもあります。最も注目すべき話の一つは、グアテマラのアルモロンガから報告されています。そこでは、ある地域の人々が、犯罪や不道徳からキリストに立ち返りました。するとほとんど無毛だった土地が、大きくて立派な野菜が収穫できる肥沃な畑に生まれ変わったのです。[19] このような話には驚くかもしれませんが、神が創造主であることを信じ、聖書のメッセージを真摯に受け止めるなら、これはまさに私たちが期待すべきことなのです。

土地が癒やされることを願うなら、私たちは自分たちのライフスタイルと神の資源の使い方を吟味すべきです。より広い視点では、すべては神のものであり、私たちはこの世界をどのように利用するかについて神に対して責任があるという認識のもと、農業と環境政策に目を向ける必要があります。さらに、土地との関係性が癒やされるためには、神との関係性も癒やされなければなりません。神を裏切っている点があれば、それを神の前に持ち出し、赦しと関係性の回復を求めることができます。これができるのはイエスのおかげです。そして私たちは、すべての壊れた関係性を回復してくださるイエスのみわざに目を向けるのです。

〔質問〕

1 「たとえ自分が選んだ場所でなくても、好きな場所でなくても、どこにいても根を下ろすことを神は望んでおられる。」あなたは地域社会にどれくらい根付いていますか。エレミヤ書29章4～7節を読んで、どうすればもっと深く根を張ることができるか、考えてみましょう。77

2 自然災害や農業危機を、私たちの罪深い行いに対する神の裁きとして語ることはどこまで正しいのでしょうか？

3 歴代誌第二7章12～14節では、神が土地を「癒やす」前に人々に何を求めていますか？このメッセージを気候変動と環境の不確実性という今日の状況にどのように当てはめることができるでしょうか？

# 第四章　イエス――世の救い主

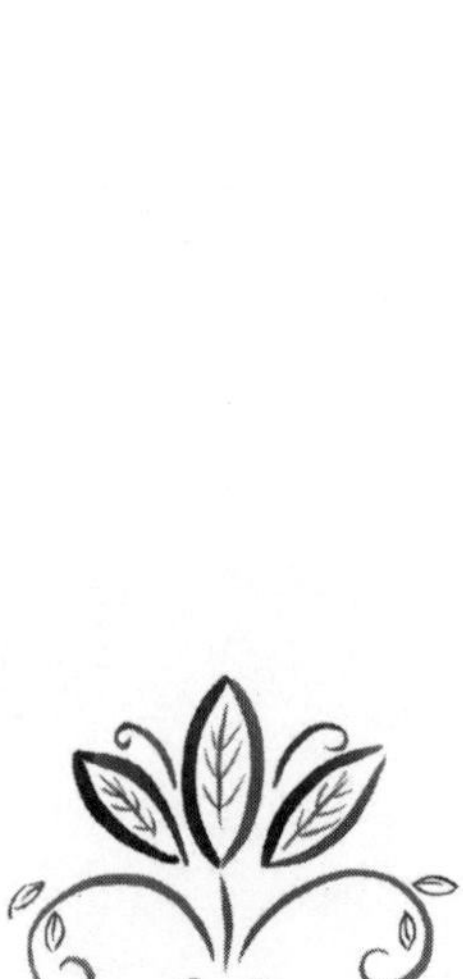

　私は最近、五十代で急に亡くなった男性の葬儀に出席しました。私は彼と知り合ってまだ日が浅く、キリスト教の信仰、家族への献身、自然への愛と知識など、彼について知っていることは限られていました。葬儀では、彼が人生の中で様々な形で関わってきた友人や同僚からの賛辞が贈られており、それによって私は彼のより完全な姿を知ることができました。彼は生涯を通じて同じ街に住み続け、学校や大学、仕事、結婚、教会を通して、その土地と人々に対して静かに仕えてきました。また、彼が植物学の博士号を持っていることを知りました。彼がそのことを自慢したり公にしたことはありませんでしたが、彼が自然史に関する優れた知識を持ち合わせていた理由がよくわかりました。

　それだけでなく、彼と彼の家族は都心の大きな教会を去って地元の団地にある資金不足の小さな教会に通い始め、実践的な支援を献身的に行い、そこで長く深い関係性を築いてきたことを聞きました。職場の同僚が立ち上がり、何十もの短い賛辞を読み上げたとき、私は彼のまったく新しい一面を発見しました。彼は三十年以上地方議会に勤め、多くの人々を辛抱強く励ましてきました。市を挙げて取り組んできたいくつかの重要な環境保護に対する戦略は彼に触発されたものであり、彼の穏やかな知恵と助言はすべての議会の職員に影響を与え、その多くが葬儀に参列していました。私は彼のことをよく知っていると思っていましたが、実は彼についてほんの一部しか知らなかったのです。

イエスについても同じことが言えます。ここで二つの例を挙げます。ナザレの人々は、イエスを木工細工を得意とする大工、そしてヨセフが亡くなった後のマリアの忠実な息子として認識していました。そのためイエスが神の権威をもって話すと主張し、弟子たちを引き連れてナザレに戻って来たとき、地元の人々はイエスとの関わり方に苦しみました。彼らはイエスをナザレの丘の崖から投げ落とそうとし、イエスはその場所を去らざるを得ませんでした。「二つ目の例として」ずっと後の中世の時代では、ほとんどのクリスチャンは聖書を読むことができず、教会が国家と密接に結びついている社会で生きていました。彼らは教会の壁に描かれていたイエスのイメージしか知らず、その多くは世界を支配して、玉座に座っている勝ち誇った力強い王というものでした。ナザレの人々も、中世の人々も、イエスについて確かなイメージを持っていましたが、どちらも完全ではありませんでした。今日、二十一世紀の西洋のクリスチャンは、しばしばイエスとの個人的な関係性に着目しています。イエスのことを「私のイエス、私の救世主」と呼び、いつでも頼れる友人のように理解しているのです。繰り返しにはなりますが、これは有益で正確なイメージではありますが、全体像を表してはいません。

もしイエスの生涯と働きが環境とほとんど関係性がないと考えるなら、聖書よりも自分自身が読みたいものを読んでいるかもしれません。聖書のイエスの描写を読み返してみると、地球、被造物と私たちの関係、被造物に対する神の目的に関連する記述がいかに多いかに驚かされます。

本書ではすでに、被造物を理解する上でイエスがいかに重要であるかを見てきました。コロサイ人への手紙1章15節から20節は、イエスの地上での生涯を宇宙と永遠という視点から描写しています。この箇所を読みながら、三十三年間この地上を歩まれたイエスと、今日クリスチャンが祈りをささげる主の姿を思い浮かべてみてください。

御子は、見えない神のかたちであり、すべての造られたものより先に生まれた方です。なぜなら、天と地にあるすべてのものは、見えるものも見えないものも、王座であれ主権であれ、支配であれ権威であれ、御子にあって造られたからです。万物は御子によって造られ、御子のために造られました。御子は万物に先立って存在し、万物は御子にあって成り立っています。また、御子はそのからだである教会のかしらです。御子は初めであり、死者の中から最初に生まれた方です。こうして、すべてのことにおいて第一の者となられました。なぜなら神は、ご自分の満ち満ちたものをすべて御子のうちに宿らせ、その十字架の血によって平和をもたらし、御子によって、御子のために万物を和解させること、すなわち、地にあるものも天にあるものも、御子によって和解させることを良しとしてくださったからです。（コロサイ1・15〜20）

私たちをまず驚かせるのは、イエスがどのようなお方であるかという幅広さです。この聖句は、居心地のいいポケットサイズであるイエスのイメージを吹き飛ばしています。その代わりに、イエスはこのようなお方と言えます——

- 被造物の源（16節「万物は御子によって造られ」）
- 被造物の支え主（17節「万物は御子にあって成り立っています」）
- 被造物の救い主（20節「その十字架の血によって平和をもたらし、……地にあるものも天にあるものも、御子によって和解させる」）

これらは驚くべき主張です。本書が説明しようとする聖書のドラマは、イエスがこのようなお方であるという主張にかかっています。私たちが直面する環境危機の中で、イエス・キリストから顔をそらしてしまったら希望はありません。この三つの重要な主張を、イエスの生涯、死、そして復活に照らして検証していきましょう。

## イエスは被造物の源

第一幕で神が天と地を創造するとき、神は被造物に語りかけることによってそのみわざを行いました。神は「光、あれ」と言い、その命令によって光が現れました。ヨハネの福音書の冒頭で、イエスは神の「ことば」と呼ばれています。

初めにことばがあった。ことばは神とともにあった。ことばは神であった。この方は、初めに神とともにおられた。すべてのものは、この方によって造られた。造られたもので、この方によらずにできたものは一つもなかった。（ヨハネ1・1～3）

ヨハネはベツレヘムで生まれた小さくて弱い、ほかの人に頼らざるを得ない赤ん坊が、全知全能の神であり、その神によって全宇宙が創造されたことを私たちに知らせたのです。イエスは、天地創造の前から存在していました。コロサイ人への手紙1章15節では、イエスは「すべての造られたものより先に生まれた方」と表現されています。イエスは百パーセント人間になられたため、イエスを人間として捉えることは正しいのですが、イエスはそれ以上の存在であることも忘れてはいけません。イエスはすべての被造物の上におられる方です。被造物よりも上におられ、被造物よりも優れ、被造物を超える存在なのです。

このことが、イエスの小さな赤ん坊としての誕生を非常に驚くべきものにしています。全宇宙を創造した想像力豊かな天才である神が、実際に被造物の一部となられたのです。不十分な例えではありますが、これは劇作家が自分の劇を演じるようなものであり、画家が自分の絵の中に足を踏み入れるようなものなのです。

イエスが創造の源だと知ることは、彼のいくつかの行動を理解する助けにもなります。イエスが病人を癒やすとき、彼は単に魔法の手を持つ人間でも、霊媒師でもありません。創造主である神が、ご自身の被造物に生じた不具合を直しているのです。

コンピュータの技術者が私のために特別なハードウェアを作ってくれたとします。そのハードウェアが故障したらどこに修理を頼めばいいのでしょうか？　自分で直そうとしてもかえって状態を悪化させるだけです。コンピュータ・ショップに持っていくことを検討しても良いのですが、店員は恐らく首をひねって「悪いな、こんなの見たことがない」と言うのではないでしょうか。修理の仕方を知っているのはそれを作った人なので、設計者のところに持っていくべきです。

私たちの世界で病んでいるのは人間の身体だけではありません。被造物全体が癒やしを必要としています。では、誰がこの事態を収拾できるでしょうか？　それを作ったお方です！　福音書全体を通して、このことが示唆されています。イエスは人間の病気を癒やすだけでなく、自然の力をも支配する主であることが示されています。ルカの福音書8章22～25節では、イエスはガリラヤ湖でひどい嵐に巻き込まれます。そのとき、経験豊かな漁師を含むイエスの弟子たちは、溺れるのではないかと恐れ、怯えていました。イエスは眠っておられ、目を覚ましても嵐に動じません。彼は嵐のような強風と巨大な波に「静まれ」と静かに命じ、状況を掌握しました。そして自然は彼に従いました。弟子たちが恐れるのも無理はありません。どのような力が自然の力を静めることができるのでしょうか？
　ユダヤの人々にとって、海は創造された秩序全体における混沌の力の象徴であり、神ご自身以外にはそれを制御することはできません。イエスは、ことばによって自然の力を創造した方であったので、それを対処することができたのです。

福音書は被造物に対するイエスの力だけでなく、イエスと被造物との親密さを示しています。私たちはそれに気を留めずに聖書を読むので、しばしばこのことを見逃してしまいます。しかし、それは驚くべきことではありません。芸術家は、自分の作品を誰よりもよく知っています！　粘土を加工して形にした彫刻家は、自分の作品に対して深い知識を持ち、また、その作品と深い関係性を持っています。同様に芸術家の作品は、その芸術家自身について多くのことを教えてくれます。イエスと地球の関係性も同じです。

イエスはたとえ話によって教えましたが、その教えは彼が被造物の詳細、パターン、リズムを知り尽くしていたことを示しています。イエスは人々に被造物、すなわち神の作品集を見ることを勧めながら神について教えました。彼の教科書は、種と収穫、鳥と花、イチジクの木とブドウの木、パンとぶどう酒などでした。これらは霊的なポイントを補足する視覚教材ではありません。たとえ話の霊的な意味合いに集中しすぎてしまうと、その真の力を見逃してしまいます。イエスが語った被造物の要素は、イエスがご自身で創造したものでした。それらは、すべての被造物と同様に、神の指紋で満たされていました。

イエスは、彼に従う人々に自然に親しむことを期待していました。マタイの福音書6章で、イエスが人々に「空の鳥を見よ」、「野の百合を見よ」と言われたのは、被造物から学ぶことを伝えるためでした。イエスがここで使っていることばは、「見て学びなさい」、「よく考えなさい」、「行って学びなさい」という力強いものです。イエスは私たちに、バードウォッチャーや植物学者になるように言われたのです。創世記2章で、神は最初の人間をエデンの園に送り、すべての生き物に名前をつけさせました。名前をつけるということは、理解し、説明し、知ることです。すべての生物学の基礎は、注意深い観察によって生き物を種や科に分けることです（分類学と呼ばれています）。聖書のいたるところで、預言者たちは野生動物をよく知っていたことがうかがえます。例えば、エレミヤ書8章7節では、毎年春と秋に本能的に同じ道を通るコウノトリやツバメなどの渡り鳥を見て、神の民は、なぜこれほどうまく主に従えないのかと問いかけています。

## イエスは被造物の支え主

もしビルが火事になったら、ほとんどの人はまず自分のものを手に取るでしょう。これは単に利己的な行動を表しているのではありません。私たちは、自分の責任あるものを大切にし、守っているのです。コロサイ人への手紙1章16節によれば、被造物全体は、イエスによって造られただけではなく、イエスのために造られました。この「ために（for）」という三文字の言葉はとても励みになります。なぜなら、私たちと同じように、イエスもまた、ご自分の所有物を大切にし、守ってくださるからです。イエスは、創造主であるだけでなく、世界を支えてくださる方でもあります。神は、地球がその住人たちによって荒らされるのを黙って放置している不在地主ではありません。むしろイエスは積極的な庭師であり、御霊を通して地球とそのシステム、そして被造物を維持し、守るために働いておられます。

人類が、持続可能な方法で世界のケアをすることに失敗している今、イエスがこの世界の究極的な支え主だという確信があります。イエスは被造物に献身し、これらを見捨てることはありません。これは、私たち人間が何もせずにイエスにすべてを委ねてもよい、という意味ではありません。むしろ、神は私たちと協力して働くことを選ばれたのです。神は世界を支える者であり、私たちは神の執事、もしくは同僚となり、地球に仕え、地球を守るべきなのです。

コロサイ人への手紙1章16節にある「ために」という短い言葉には、もう一つ重要な意味があります。人生の意味と目的に関する疑問は、何世紀にもわたって人々を悩ませてきました。世界は何のためにあるのか？　なぜ私たち人間はここにいるのか？　聖書の根本的で驚くべき主張は、イエスこそが被造物の目的であるということです。新約聖書は、被造物はイエスのために造られたと主張しています。真に深い意味において、被造物全体が神からその御子イエス・キリストへの愛の贈り物なのです。

そのことを考えると、宇宙がこのように美しく調和してデザインされているのも不思議ではありません。それは、神の心にある愛の表現なのです。だからこそ被造物全体に神の人格と優しさがよく表れています。私たちは夕日や山脈、クモの巣、紅葉に彩られた森、生まれたばかりの赤ん坊を見て心が浮き立つのを感じるとき、被造物の中心にある神の愛に反応しています。人間である私たちは、おそらく「なぜ自分はここにいるのか」と意識的に問うことができる唯一の種です。その問いに答えましょう。私たちは、イエスにあって神を礼拝し、驚くべき被造物のうちに神との関係性の中で生きるために存在しています。

実際、コロサイ人への手紙は、万物はイエスによって、イエスのために造られたと主張する以上に踏み込んだことを記しています。「万物は御子にあって成り立っています」と書かれているのです（コロサイ1・17）。小さな赤ん坊として生まれたことによって、自らを無にしたイエスは、全宇宙の中心におられる方です。宇宙は、イエスによって支えられています。私は何年か前に、球体の形をした木のおもちゃをもらったことがあります。この球体は、形が違った八つのピースで構成されています。すべてのピースがバラバラになると元に戻すのはほとんど不可能です。しかし、最終的には一つの重要なピースから球体を組み立て始めたらよいことを発見しました。このピースを中心にして他のピースを正しい順序で組み立てていけば、最終的に球体を作り直すことができました。

イエスは、被造物のパズルの「重要なピース」です。彼は万物の中心に存在しています。万物はイエスによって造られ、イエスのために存在し、イエスの力によって支えられています。被造物の中心にイエスがいなければ、混沌を押しとどめる力は取り除かれてしまいます。科学者たちは、この惑星が生命にとって適切な状態を備えており、絶妙なバランスを保っていることを発見しています。例えば、木がなければ酸素が足りず、動物がいなければ二酸化炭素が足りなくなります。水の循環、気温、海流、上層大気の厚さなど、すべてが生命にとって最適なのです。さらに驚くべきことは、地球が存在する間に気候条件が大きく変化したにもかかわらず、このもろいバランスが保たれてきたことです。このことを説明しようとするあまり、地球をあたかも生命体のようなものだと語る人が出てきました。ジェームズ・ラブロック博士の「ガイア理論」は、「生物圏」（土や大気、そこに存在するすべての植物や生物を含む地球全体）は一つの有機体として分析できるほどバランスをとり、それ自身を調節していると主張しています。ラブロック博士は無宗教ですが、多くのニューエイジ思想家がこの考えを取り入れ、私たちの面倒をよく見てくれる「ガイア」あるいは「母なる地球」を崇拝しています。

ガイアについて語る人たちには、コロサイ人への手紙1章17節をよく読んでほしいものです！

地球がこのような振る舞いをするのは、地球が自らの世話をしているからではなく、万物を支えているイエスが地球を見守っておられるからです。地球は自らを支えることはできませんが、地球を造られたお方によって支えられているのです。神の御霊は、今日も被造物の中で活動しています。地球を維持し、新たにし、動物たちを養い、季節や日夜のリズムとパターンを見守っています。

地球という惑星に多くの問題が起きている今、私たちはこの真理から慰めを得ることができます。気候変動が懸念される中で、私たちは絶望する必要はありません。イエスがすべてをまとめておられるからです。しかし、コロサイ人への手紙1章17節には隠れた警告も記されています。万物がイエスによって一つにまとまるのであれば、その逆もまた暗示されています。イエスがいなければ、万物はバラバラになってしまいます。神は被造物のケアを人間に託されました。イエスを思考と行動の中心に置くことができなければ、環境が崩壊しても不思議ではないでしょう。地球の資源（石油、ガス、野生生物、きれいな空気、良質な土、水）がまるで私たちのために存在するかのように扱い、それがイエスのために造られたことを忘れてしまえば、物事がうまくいかなくなっても驚くべきではありません。

私たちの社会やクリスチャンとしての振る舞いにおいて、私たちはイエスを被造物の中心から遠ざけてしまっています。被造物は、神の臨在と愛に満たされており、イエスのために造られているからこそ、配慮と畏敬の念をもって扱われるべきだという感覚を取り戻す必要があります。このことを振り返りながら、私個人は日常生活の細かいところで実践に励んでいます。この世界の資源の使い方は、イエスへの礼拝を反映するものでなければなりません。私はもうゴミを分別せずに捨てるということはせず、リサイクルできるものはきちんとリサイクルします。神は、何一つ無駄のない世界を造られました。神が造られたものを、私たちが粗末に扱うことは神の名誉を傷つけることになります。食べ物に関して言えば、食料価格を安く抑えるためだけに残酷な扱いを受けた動物の肉を食べることは、良心の呵責に耐えられません。これらの生き物は、イエスのために造られ、神によって「良し」と宣言され、優しく神聖な方法で支配されるよう、人間に委ねられたのです。故意に、あるいは不注意に、イエ

スの被造物に不必要な残酷さを与えるなら、どうして私たちはイエスを礼拝していると言えるのでしょうか? 交通手段の面では、以前よりも徒歩で移動し、自転車や公共交通機関も利用するようになりました。こうすることで、私は環境汚染の原因を減らすだけでなく、移動中にイエスとの交わりを楽しみ、神と過ごす時間が増えました。

## イエスは被造物の救世主

このセクションは、本書全体にとって重要な部分ですので、説明する前に、端的に要約します。世界は素晴らしい状態で造られましたが、罪によって台無しにされました。しかし、イエスによって人類と被造物全体には救いの希望があります。

長い間、私はこのことを理解していませんでした。イエスは、人々に救いをもたらすために来られ、それで終わりだと考えていたのです。イエスが私たちを救い出してくださるのならば、世界はどうなってもよいと思っていました。けれども今、私はそれが物語の半分にすぎないことを理解するようになりました。神は、私が思っていたよりもはるかに大きな存在であり、イエスにおける神の目的は、私の想像よりもはるか広範囲に及んでいるのです。

このことを私に確信させたのはただ一つ、聖書です。私は他の多くの人々と同じように、色眼鏡をかけて聖書を読んでいたことに気づかされました。人間以外の被造物に関することは、すべてフィルターにかけられ、無視されていたのです。聖書の中で最も有名な一聖句を用いてこのことを説明させてください。

神は、実に、そのひとり子をお与えになったほどに世を愛された。（ヨハネ3・16）

私は、ヨハネの福音書3章16節の聖句を何百回も聞いてきました。この聖句の説教を聞いたり、私自身が説教をしたこともありますが、今思うと、目の前の本質が見えていませんでした。私はいつもこの文章を「神は人々を愛された」と解釈して読んでいました。神学校で新約聖書のギリシア語を勉強して初めて、その箇所に「神はコスモスを愛された」と書いてあることに気づきました。コスモス（*kosmos*）はもちろん、「コスモス（cosmos、宇宙）」や「コスミック（comic、宇宙的）」の語源であり、基本的には宇宙全体を意味します。聖書学者によると、この箇所でコスモスが「物質的な被造物全体」なのか、「堕落した人間の世界」を意味するのか不確かなので、ここでは慎重に発言することにします。そのため、この一節に重きを置くというより、私たちは、しばしば聖書を読むときに自らが期待しているものしか見えていないという点を説明させてください。

人間中心の文化のせいで、私たちは神と被造物全体との関係性や、被造物全体に対する救いの配慮に関する重要な事柄を見落としがちです。聖書には「世界」と書かれていても、私たちには「人間」としか見えていないのです。しかし、神の視点は私たちよりもはるかに大きいのです。神は被造物全体を本当に大切に思っておられ、イエスの救いのみわざには、文字どおり宇宙を対象とした意味が含まれています。

イエスが被造物の救い主であると理解するために、意外かもしれませんが、創世記6章から9章のノアの話をしたいと思います。今日、ノアの物語は就学前の子どもが読むカラフルな絵本のイメージが強いですが、ノアの箱舟は、実は、気候変動の時代における神の救いの目的を描いています。それは罪と裁きと救いの物語です。この箇所は、人類の邪悪さに対する神の悲しみと怒りから始まりますが、人類と他のすべての動物を完全に絶滅させるという神の最初の考え（創世記6・5～7）は、やがて裁きと救いを組み合わせた計画に代わります。神は「神とともに歩んだ正しい人」（6・9）であるノアを見つけ、人間とすべての生き物の代表を入れる箱舟を造るように命じます。神の裁きが大地を清め、洪水によって事実上すべての生き物を殺したとき、箱舟に入った人々を通して神の憐れみが示されました。

歴史を通して、クリスチャンはしばしば箱舟を、神が十字架で罪と悪を最終的かつ完全に対処した後、キリストによってもたらされる救いの象徴として見てきました。しかし、神の救いの目的には誰が含まれていましたか？　ノアと三人の息子とその妻たち、たった八人の人間でしょうか？　いいえ、他の無数の種もそれぞれが神にとって尊い存在でした。創世記6章から9章は、私たち人間にとって非常に関連性の高い物語です。なぜなら、被造物は神と人間との関係性の単なる背景ではないことを示しているからです。神には、人間以外の被造物を含めた救いの目的があり、このことはノアの物語で二つの点で強調されています。

第一に、これらすべての生き物が箱舟に入れられたのは、ノアにとって価値があるからではなく、「それらの種類が全地の面で生き残るため」（創世記7・3）です。つまり、彼らの価値は人間とは異なる次元にあるのです。神はノアの相手をするペットとして犬を選んだのではなく、ローストビーフにするために牛を選んだのではありません。これらの生き物が重要なのは、人間にとって役に立つからではなく、神にとって重要だからです。

第二に、洪水が終わり、神がその救いの契約のしるしとして虹を送ったとき、その対象には誰が含まれていましたか？　虹は、ノアとその子孫、そして「地上のすべての生き物」（創世記9・10）に対する神の救いの約束でした。私はこのことに気づかずに百回以上ノアの物語を読んでいましたが、実は、創世記9章ではこのことが七回も繰り返されています。13節で、神ははっきりとおっしゃっています。「わたしは雲の中に、わたしの虹を立てる。それが、わたしと地との間の契約のしるしである。」神がこの地球の将来を気にかけていないなどと、よくも言えたものです。神は地球そのものと、ユニークで大切な契約を結んでおられます。

すべては、イエスは被造物との関係性においてどのようなお方であるかに目を向ければ理解できます。イエスは、創造主であり支え主であるだけでなく、地球の救い主でもあるのです。コロサイ人への手紙1章19〜20節にはこう記されています。

なぜなら神は、ご自分の満ち満ちたものをすべて御子のうちに宿らせ、その十字架の血によって平和をもたらし、御子によって、御子のために万物を和解させること、すなわち、地にあるものも天にあるものも、御子によって和解させることを良しとしてくださったからです。

イエスが十字架上で死なれたのは、堕落によって壊れてしまったすべての関係性を回復するためでした。神は御子を通して、歴史の中ですべての被造物にわたって解き放たれた悪と利己主義の代償をすべて負われました。創造主が十字架につけられたのは、愛によって造られ、支えられている被造物全体を、ご自身との回復された関係性に戻すためでした。

神、人間、被造物の三角形の関係性を覚えていますか？　神が良いものとして創造されたこの関係性がすべて崩れてしまったように、イエスのみわざによって、これらの関係性の一つひとつは回復することができるのです。パウロはコロサイ人への手紙の中で、十字架によって神と和解する、つまり関係性を取り戻すのは「万物」であると明言しています。ギリシア語の「万物」

（*panta*）という言葉は非常に包括的です。これには天国と地上にあるものすべてが含まれています。この地上というのは、アダムの罪の後、創世記3章で呪われ、それ以来苦悶のうめき声を上げ続けているのと同じ地上を表しています。

ローマ人への手紙8章19〜22節は、被造物の「うめき」を妊婦の陣痛に例えています。被造物は人類の不従順の結果、身もだえするような苦しみの中にいます。しかし、女性の陣痛のようにそれは希望に満ちた苦しみであり、これから誕生する新しい命を待ち望んでいるのです。環境破壊と絶望の中にあっても、自然界には希望があります。パウロはそれを被造物の「切なる期待」（19節［英文より直訳］）と表現し、「被造物自体も、滅びの束縛から解放され、神の子どもたちの栄光の自由にあずかります」という希望（21節）を示しています。イエスの死と復活が人間に希望を与え、私たちが神の子どもとなれるように、自然環境、つまり創造された秩序全体が解放されるという確かな希望があります。

これらすべてが可能なのは、イエスの十字架と復活のおかげにほかなりません。ジェームズ・ジョーンズ司教は著書『イエスと地球（*Jesus and the Earth*）』の中で、福音書の作者たちがイエスの苦しみに対する被造物の反応をどのように記録しているかを指摘しています。イエスが十字架にかけられて亡くなったとき、空は暗くなり、日食が起こりました。イエスの死の瞬間、地震が起こり、墓が突然開き、ユダヤ神殿の大幕が上から下まで引き裂かれました。これらの徴候は、地球そのものが、万物を一つにされるお方の死にどのように反応したかを示しています。そしてイエスの復活のとき、大きな岩が地震によって転がされました。イエスの復活したからだにおける新たな創造の始まりに被造物が喜びをもって反応したのです。

結局のところ、イエスの復活のからだこそが、物質的な宇宙に対する私たちの希望の保証なのです。復活したイエスは、幽霊でも幻でもありません。物理的に生き返ったのです。空の墓には死体はありませんでした。なぜならイエスは新しい復活のからだに変えられていたからです。復活したキリストは、彼を信じる者が死からよみがえること、そして被造物全体の秩序が変わり、新しくされることを保証しています。

イエスの復活のからだには連続性と変化の両方があり、これは被造物の未来についての手がかりを与えてくれます。トマスに見せたように、復活したイエスには槍と釘の跡が残っていました。これは霊的なイエスを身にまとった、その場限りの新しいからだではありませんでした。エマオまでのほこりっぽい道を歩き、ガリラヤ湖のほとりで魚を料理して食べるのに十分なからだでした。しかし、よみがえったキリストは何かが違っていました。彼はほとんど自由自在に現れたり消えたりしており、あるときは、鍵のかかった部屋に現れました。つまり、連続性と非連続性の両方があったのです［訳注3］。この二つのテーマは、次章で聖書のドラマの最終幕に移るとき、イエスの救いのみわざが地球の未来に及ぼす影響と一緒に扱われます。

〔質問〕

1　この章はイエスを理解する上で、あなたにどのような影響を与えましたか？　このことは、あなたの信仰生活やライフスタイルにどのような影響を与えますか？

2　なぜノアの物語（創世記6～9章）は現代に関連しているように思えますか？　この物語が、今日の環境問題に対する神の目的と私たちの応答を理解する助けとなる方法を、いくつか挙げてください。

3　イエスの十字架と復活は、キリスト教信仰の中心です。十字架と復活は、私たち自身と地球のために、どのような希望を与えてくれますか？

# 第五章　新しい創造——天におけるように地においても

イエスの復活は、地上におけるイエスの生涯の最終段階を示すものでした。それは同時に、聖書の偉大なドラマの新たな最終幕の始まりを告げるものでもありました。復活したキリストによって、新しい創造が始まったのです。彼の変容し、栄光を受けたからだは肉体的、物質的な未来への希望を私たちに、そして被造物全体の秩序に与えてくれます。これから見ていく第五幕は、クリスチャンたちが他のどの部分よりも議論しており、個々が異なる意見をもつ部分です。

この章の冒頭ではっきりさせておきたいのは、これは私自身の見解を最も徹底的に考え直さなければいけない分野でした。私は「天国」とは、「今、ここ」とはまったく切り離された場所であり、この世とは何の関係もない、時空を超えた場所だと信じて育ちました。また、天国というのはキリストを信じる者が死んだら（あるいはイエスが再臨したら）行き、永遠にとどまるところだと教えられてきました。この地球の理解に関しては、イエスが終わりの時代に罪と悪を裁くために戻って来られたとき、この世界は完全に破壊されると信じていました。それが聖書の教えだと確信していたからです。

しかし今、私はむしろ違う考えを持っており、その理由を述べることが大切だと思っています。聖書を信じなくなったから私の考えが変わったわけではありません。むしろその逆です。聖書全体（若干の少々やっかいな箇所よりも）を見ていくうちに、神は私が想像していたよりもはるかにはっきりとした目的を地上に持っておられることがわかってきました。この分野における聖書の教えを理解することは、巨大な地図を眺めることに似ています。景色の細部（聖書で言うならば個々の節）を調べるためには、まずは見通しがわかる全体像と、導きとなる道しるべを得ないといけません。細部から物事を調べ始めると、完全に迷い、混乱してしまうでしょう。さらに心配なのは、聖書の地図全体から道順を決めなければ、正しい場所から出発し、正しい場所に到達しているかを、見分ける手段がなくなってしまうことです。

聖書の地図は、神の創造の目的について私たちを導く非常に明確な座標を与えてくれています。その地図は、すべてを良しとする神から始まっています。そして、罪と堕落によって引き起こされた悲惨な脱線にもかかわらず、被造物を親密に知り、愛の力によって支え、被造物がご自身の性質を現すものとしてご覧になっている神によって、地図は続いています。これらはすべて、神の被造物に対する絶え間ない献身を示しています。神は罪によって損なわれ、傷ついた世界に裁きを下しますが、その裁きは常に選別的です。罪のない者を咎めることはなく、罪ある者だけを罰します。罪ある者とは、地球やそこに住む生き物ではなく、人間であることは明らかです。しかし、裁きを下すと同時に、神は常に逃れる手段や救いの方法を提示しています。神はノアの時代に被造物の大部分を破壊しながらも、人類と他のすべての生き物の代表を救い出すことで、裁きと救済の原則を示しました。神はご自身の救いの意図がすべての被造物を含んでいることを、箱舟の乗客名簿によって、そしてさらに驚くべきことに、契約の約束に含まれたすべての存在によって示しました。神の救いの目的には、地球とそこに住むすべての生き物が含まれていたのです。

神に選ばれた民が約束の地に定住するようになると、神は環境面を大きく含む律法の枠組みを定めました。人々は土地を大切にすべきであり、そのことによって土地は彼らを大切にするのです。動物、植物、そして土地そのものが「尊重と安息」に値するのです。この掟を定めた神は、地球を破壊することを計画しているのではなく、地球に献身しておられます。

イエスを遣わすことで、神は物質的な世界の一部となり、それを祝福されました。イエスは、完璧な人間としての生涯を全うされ、被造物に対するご自身の主権を示しながら、被造物と調和して生きました。新約聖書は、イエスが死んでよみがえられたとき、彼が堕落によって壊されたすべての関係性を回復するために死なれたことを明らかにしています。イエスのおかげで被造物は滅びの束縛から解放されたのです。

地図は明確で、一つの方向だけを示しています。それは、被造物の秩序全体に対する神の絶え間ない献身と救いの愛です。神は地上を、新しい天と取り替えるために完全に破壊するのではありません。それでは話題を本書で追ってきたものに戻してみましょう。聖書は五幕からなる劇であり、最初の四つの幕は、人間によって裏切られた愛の関係、そして人間と被造物の両方に与える恐ろしい影響を描いています。そして、神がその愛を取り戻し、壊れた関係性を回復する方法を絶えず模索し、ついには御子を送って死なせ、よみがえらせるまでを描いています。初めから終わりまで神、人間、そして被造物を擁する地球という三本の線が織り成され、調和を取り戻す力強い結末へと向かっています。この段階で神が突然被造物を捨てて、人間だけに焦点を当てるということは考えられません。そのような考えの源は一体何でしょうか？　おそらくそれは聖書の物語に由来するのではなく、被造物をひどく傷つけ、破壊してきた人間から生まれたのでしょう。神の地球にある多くの恵みを破壊した盲目さによって、私たちは聖書を誤って解釈し、自分たちの行動を正当化してしまうのです。

強い言葉ですが、このテーマについて聖書が実際に何を語っているか詳しく見る前に、キリスト教の歴史がこの解釈を支持していると述べる必要があります。古代から十九世紀に至るまで、大半のクリスチャンは、神の地球に対する計画は、非連続性よりも連続性、破壊よりも希望に満ちた未来であると信じていました。

私は本書の一部をウェールズ北部の沖合に浮かぶバードジー島という小さな島に滞在しながら執筆しました。バードジー島は野生動物と約千五百年前にさかのぼるケルト系キリスト教の遺産で有名です。A・M・オールチンはバードジーの歴史について、短い本の中で、「ケルト教会では……神は最初から被造物全体が復活するように運命づけられている、という意識が非常に強かった」と記しています。[20] ケルトのキリスト教徒は、神が愛をもって創造し、維持しておられる被造物の美しさと威厳をただ破壊するとは想像できなかったのです。

むしろ、神がこの地上を完全に取り去ってしまうかもしれないという考えは、大都市の発展とほぼ同時期に生まれたように思われます。このような大都市では、人間の忙しさが被造物における神の声を閉ざしてしまいます。また、西洋諸国の経済的野心が、地球資源の破壊をますます加速したのも同じ時期です。この二つの事柄は関連しているのでしょうか？　判断は読者の皆さんに委ねます。その間に、地球の最終的な運命に関する聖書の記述を見てみましょう。

## 被造物の調和のビジョン

旧約聖書は、私たちが被造物に期待できる最初の指針を与えてくれています。預言者たちは、悲観的なことばかりを述べていたわけではありません。彼らは、神の裁きの先には社会と生態系が調和することを予知していました。ホセア書2章16～23節では、戦争が終わり（弓と剣が廃止され）、人間関係が平等になり（妻は配偶者を「主人」ではなく「夫」と呼び）、人間や鳥、そして動物の間に新しい契約が結ばれる日を語っています。人間、被造物、そして神の間の壊れた関係性が修復されます。預言者は、神が空に応え、空が大地に応え、大地は穀物やぶどう酒、油に応え、さらにそれが人々に応え、最終的には、神と人々が再び互いに約束し合うことで輪（あるいは三角形！）が完成すると語っています。

似たようなビジョンはイザヤ書11章と65章にも登場します。11章の6節から9節には、「主を知ることが、海をおおう水のように地に満ちる」ときのことが記されています。神の臨在がエデンの園を満たしていたように、地球全体が神を知る現実で再び満ち溢れると約束されているのです。ホセアと同様に、イザヤは被造物のすべての秩序の中で生態系の調和を予知しています。オオカミと子羊、ヒョウとヤギ、子牛とライオンと幼子。牛と熊、ライオンと雄牛、幼児と毒蛇。こういった動物はこれ以上、互いに傷つけ合うことはありません。イザヤ書65章17節から25節には、同じような言葉が繰り返されており、このことが人間にとって何を意味するのかがさらに詳しく述べられています。長寿、実りある仕事、豊かな収穫などが、「新しい天と新しい地」（65・17）を創造する神の一部として具体的に捉えられています。そして再び、人と神と被造物との三つの重要な関係性が、それぞれ回復されるのです。

この驚くべき箇所をどう受け止めればいいのでしょうか？　ある人たちは、これは天国がどのような場所かを指し示しているだけだと言って、これらの聖句を完全に霊的なものとして捉えています。しかし、一つだけはっきりしていることがあります。これらのビジョンが、完全に文字どおりであろうとなかろうと、それらは非常に具体的で、物理的で、地上的なものなのです。神の新しい天と新しい地は、天の真空空間の中で神と交わるような奇妙な幽体離脱の状態ではありません。これらの聖句は、現在の世界と多くの類似点を持ちながら、痛みや苦しみ、争いや不正のない、物質的な新しい創造について語っています。未解決の問題はまだたくさんあります。ライオンやヒョウ、クマ、オオカミのような生き物がいつか肉食捕食者でなくなることを理解するには難しさがあります。彼らの歯と消化機能は肉食であるように設計されていることを考えるとなおさらです。しかし私たちは、神を過小評価してはいけません。万物を最初に良い状態で創造した方は、必ず再創造することができます。罪深く、過ちを犯しやすい私がいつか完全な者とされるとしたら、それはライオンやヒョウがベジタリアンに変えられることに劣らない急激な変化を必要とするでしょう！

## 神の国

聖書には、万物の未来の運命について語るために使われている表現が数多くあります。「天の御国」、「新しい創造」、「神の国」、「新しい天と新しい地」などがその代表的なものです。これらすべてが同じものを指しているというのは、厳密には正確ではないのですが、これらすべてには一つの重要な、そしておそらく驚くべき関連したテーマがあります。未来はすでに始まっている、ということです。この章の冒頭で、イエスの復活が聖書のドラマの最終幕の幕開けを告げるものであると示唆しました。イエスご自身が、最も頻繁に使った言葉は「神の国」であり、マタイの福音書では「天の御国」が多く使われています。この二つの表現は同じ意味があります。マタイは他の福音書記者が「神の国」を用いるのとまったく同じ場面でその言葉を用いています。イエスがこれらの言葉を用いているすべての箇所を読むと、神の国はイエスから始まること、そしてまだ完全にはここに存在してないことがわかります。そのため、イエスは、宣教の初期から神の国の到来を宣言しており（マルコ1・15）、神の国が確かにここにある（ルカ11・20）と語りました。同時に、これから来る神の国での未来の祝宴について語り（ルカ13・29、14・15）、最後の晩餐では、これらの出来事が未来の神の国で完全な意味を見出すことについて語りました（ルカ22・16〜18）。

神の国は「今ここに」あり、同時に「まだここには」ありません。神の国とは、個人の心と人生における神の支配に関するものです（「神の国はあなたがたのただ中にある」ルカ17・21）。同時に、霊的、肉体的、精神的、社会的、環境的など、被造物のあらゆる側面を変容したり、癒やしたりする支配のことでもあります。「福音」とは文字どおりイエス・キリストの良い知らせであり、霊的なものだけでなく、神の国の良い知らせと呼ばれています（マルコ1・14～15）。したがって、罪を赦し、病人を癒やし、悪霊を追い出し、貧しい人々の自尊心を回復させ、被造物の嵐を静めることは、すべて福音の一部であり、神の国のしるしなのです。

イエスとともに、堕落によって壊されたすべての関係性の癒やしが始まり、彼の行動がそれを強く物語っています。神の国は今あります。しかし、被造物から罪と悪が完全に取り除かれるまでは、壊れた関係性がいまだに存在し、衰退、破壊、死はこの世界に残ります。神の国はまだここにはありません。しかし、輝かしい日にイエスが王として、また、裁き主としてこの世に再臨するとき、神の国は完全に確立され、すべての壊れた関係性は癒やされるでしょう。それゆえ、カトリックの神学者であるハンス・キュンク博士が述べるように、「神の国とは被造物の癒やしである」ということに賛成できるでしょう。[21]「この世の王国は、私たちの主と、そのキリストのものとなった。主は世々限りなく支配される」（黙示録11・15）その日がついに来るのです。なんと素晴らしい日でしょう！

## 新しくされるのか、再び新しくされるのか？

次に明らかにすべき重要な誤解は、聖書における「新しい」という言葉の使い方です。英語では「new」という単語は一つしかありませんが、ギリシア語の新約聖書では「ネオス（*neos*）」と

「カイノス（*kainos*）」という二つの単語があります。両方の言葉の意味には、重なる部分もありますが、英語の「new」よりもはるかに多くの意味合いがあります。例えば、私が「新しい」車について話すと、ほとんどの人は工場から出荷されたばかりのピカピカの新車を思い浮かべるでしょう。しかし、もし新約聖書の時代にも車があったとしたら、「新しい」車というのは、復元され、修理され、事実上リサイクルされた車という意味にもなり得ます。つまり、「新しい」（特にカイノス）という言葉は、「取り替えられた」というよりも、「再び新しくされた」という意味になるのです。

このことは、「新しい創造」や「新しい天と新しい地」に関する聖書の言葉を理解する上で極めて重要です。ペテロの手紙第二（3章13節）やヨハネの黙示録（21章1節）が言及する「新しい天と新しい地」は、必ずしも現在の宇宙が、ゴミくずの山に投げ捨てられることを意味していません（これはかなり二十世紀的な概念です）。むしろここでは、被造物の再生について語っています。このことは、新約聖書がクリスチャンを「キリストのうちにあるなら、その人は新しく造られた者」（Ⅱコリント5・17）と語っていることを思い起こせば理解しやすいと思います。クリスチャンになれば、古い肉体は蛇の皮のように捨てられ、別の生身の身体を着て生まれ変わるということなのでしょうか？　もちろんそうではありません。これまでと同じ肉と骨とＤＮＡを持っていますが、神の目には確かに新しく造られた者と映り、変容のプロセスが始まっているのです。今のところ、このプロセスは目に見えませんが、イエスが再臨し、神の王国が完全に到来したとき、私は新しく生まれ変わっているでしょう。これは新調されるのではなく、生まれ変わり、回復した人間になるのです。神が、壊れて腐敗して、ぐちゃぐちゃな人間を造り替えて（リサイクルして）、キリストにあって新しい被造物とするように、この傷つき、うめいている被造物全体が再び新しくされるのです。

神がその究極的な計画について、「わたしはすべてを新しくする」（黙示録21・5）と語っていることは注目に値します。もし神が何もないところから再び一から創造するのであれば、神はこの箇所で既存のものを「すべて新しくする」とは言わず、「多くの新しいものを造る」と言うでしょう。偉大な彫刻家が傷がついた芸術作品を修復するように、神は悪と罪によって堕落したものをすべて取り除き、すべてを新しく造ることによって、善と美と正しさのすべてを再形成してくれます。

## 破壊か、浄化か？

長年私を混乱させたのは、地球が滅ぼされることを語っているように見える聖書の箇所でした。本書で議論している論理は、自分ではすべて理解できるのですが、私には問題がありました。聖書の箇所は地球がどんなに良いものであろうと重要なものであろうと、神は結局地球を滅ぼそうとしている、と極めて露骨に述べているように見えたのです。マタイの福音書24章1節から35節、ペテロの手紙第二3章1節から13節、そしてヨハネの黙示録のいくつかの箇所を例として少し詳しく見てみましょう。

まず、ダニエル書やヨハネの黙示録といった書簡と並んで、これらの箇所がどのような文学を表しているのかを説明することが大切です。これらは「黙示文学」として知られており、近い、または遠い未来について書かれています。一世紀頃に親しまれていたであろう文学であり、現代の読者を混乱させやすいと思います。黙示文学の書き方はしばしば複数の意味を持ち、それを解釈するために不可欠な象徴的な表現や他の文献（通常は旧約聖書）への言及が多くあります。聖書の他の箇所に精通していない現代の読者にこうした箇所の理解を期待するのは、字が読めるようになったばかりの幼い子どもに「タイムズ」［イギリスの新聞］のクロスワードパズルを行うことを期待するようなものです。別の言い方をすると、一つの英語のアクセントしか知らない人が、ボリウッド映画［インド映画］を観ると非常に混乱するでしょう。言語が違うだけでなく、独自の伝統を持つまったく別のジャンルであり、インドの宗教、カースト制度、過去のボリウッド映画の歴史など、あらゆる文化に関する言及があるからです。そのためマタイの福音書24章、ペテロの手紙第二3章、ヨハネの黙示録のような終末論的な文章は、地球の未来を理解するための一番良い出発点ではおそらくないでしょう。これらの文章に焦点を当てる前に、まずは聖書の全体像を把握し、物語全体がどこに向かっているのかを把握することをお勧めします。

第二に、これらの箇所に共通するのは、裁きと救い、非連続性と連続性というテーマが含まれていることです。どちらか一方だけを強調して、もう一方を軽視する場合、間違った解釈が生じます。もしも裁きだけが強調されるなら、人々は地球が完全に破壊されると考え、他の肯定的な記述をすべて無視する傾向があります。しかし、救いだけが強調されると、人々は非現実的な楽観主義に陥ってしまい、被造物は完全な姿に向かってゆっくり進化していると信じてしまいます。どちらの考え方も神の怒りと憐れみ、破壊と癒やし、変化と変容をともに抱える聖書の立場を反映していません。

例えば、マタイの福音書24章は「時代の終わり」に関するイエスの最も完全な宣言を描いていますが、これは紀元七〇年に起こるエルサレム神殿の破壊とこの世の終わりの両方に言及しています。戦争や戦争のうわさ、飢饉や地震についても言及されています（6～7節）。これらは破壊的な出来事ですが、ローマ人への手紙8章にある「被造物の産みの苦しみ」と並行して、「産みの苦しみ」と見なされており、最終的には良いものが生まれることを示唆しています。人の子（イエス）が現れると迫害や大きな苦難があること、そして太陽と月が暗くなり、星が落ち、天体が揺れ動くなどの被造物のしるしについて語られています（29～30節）。典型的な黙示文学の手法として、こうした太陽、月、星に関する言及は他の箇所からの引用が含まれており、この箇所ではイザヤ書13章10～13節と34章を引用しています。イザヤ書で描かれているのは、抑えきれない怒りによる破壊的な炉ではなく、浄化の火や清めの裁きについてだとわかります。イザヤ書34章にある神の敵が滅ぼされた結果は、神が新しい地を描くためにその土地をまっさらにするのではなく、罪深い人々が取り除かれた廃墟にフクロウやカラスがまだいるような風景が描かれています（イザヤ書34・11）。神が裁くのは新しい始まりをもたらすためであって、完全に消し去るためではありません。

このことは、マタイの福音書24章35節にあるイエスのことばを理解する上でも大切です。「天地は消え去ります。しかし、わたしのことばは決して消え去ることがありません」（マタイ5・18、ルカ16・17も参照）。一見するとこれは現在の地球と太陽系の完全な消滅を預言しているように見えますが、イエスの聴衆はこの箇所から詩篇への言及に気づくはずです。詩篇119篇89～90節には天地と神のことばを結びつける唯一の聖書的言及があり、こう記されています。「主よ　あなたのみことばは　とこしえから　天において定まっています。あなたの真実は代々に至ります。あなたが地を据えられたので地は堅く立っています。」言い換えれば、神のことばは決して過ぎ去ることがないという永続性は、一時的な使い捨ての地球と対比されているのではなく、最も安定し不変で永続的な被造物である地球と、好意的に比較されているのです。

それは、誰かが「ジブラルタルの岩が海に落ちるまで、あなたを愛します」と言うようなものです［訳注4］。つまり、ジブラルタルの岩の終わりを預言しているのではなく、永遠の愛を表明しているのです。マタイの福音書24章35節は、詩篇102篇25節から26節にある、地と天が「衣のようにすり切れます」という言葉も引用しているかもしれません。一見不安を感じさせる表現です。しかし、それは私たちが古い衣服を使って何かほかの新しいものを作るのではなく、古い衣服をすぐに捨ててしまう現代人としてこの箇所を読んでしまうからです。十六世紀の偉大な宗教改革者カルヴァンは、この箇所で地と天は「完全に破壊されるわけではないが、ローマ人への手紙8章によると、その性質が変化することで、死すべき滅びゆくものが新しくされるために焼き尽くされる」と述べています。[22] すべての罪と悪の痕跡を取り除くために清めと精錬の裁きが行われますが、残されたものは再利用され、神の新しい被造物へと再形成されます。

私の経験上、地球が破滅的な運命にあると考える人々は、ペテロの手紙第二3章13節を証拠の聖句として最もよく使っているようです。オーソライズド・バージョン（二十世紀半ばまで主流だった聖書の英訳）では、7節には天と地は「滅ぼさるべき日に火で焼かれるときまで、そのまま保たれている」とあり、10節には「天は大音響をたてて消え去り、天体は焼けて崩れ、地とその上に造り出されたものも、みな焼きつくされる」と記されています。最後に13節では、「義の住む新しい天と新しい地とを待ち望んでいる」と語っています［訳注5］。

人々が混乱するのも無理はありません！　しかし、ここでも旧約聖書の背景が重要なのです。

「火」や「焼き尽くされる」という表現は、爆発する惑星のイメージとは異なります。マラキ書3章2〜3節にあるように、神の裁きは破壊するのではなく、最終的に汚れのない純粋なものを残すために清め、浄化するための精錬の火です。滅ぼされるのは地球ではなく、「不敬虔な者たち」（7節）です。同様に10節でも、ギリシア語原文からの不十分でわかりにくい英語訳に問題があります。ここに記されている焼きつくされるもの［elements＝元素］とは、周期表の鉄や炭素ではなく、この世の「もろもろの霊」のことを示しています。[23] 神に背き、その正しく公正な支配を妨げてきた歪んだ力は滅ぼされ、神の国の支配が完全に確立されます。ペテロの手紙第二3章10節のもう一つの重要な用語は「焼け崩れた」であり、これは「剝き出しにされた」あるいは「明らかにされた」と訳すほうがはるかに適切です（現代語訳の多くもこれに倣っています）。裁きが行われ、堕落した権力が滅ぼされるとき、地上は再び姿を現すのです。

結論として、ペテロの手紙第二3章10節の真意は、「主の日が盗人のようにやって来て、天は大きな音を立てて消え去り、もろもろの力は火によって取り除かれるが、地とその働きは顕にされる」と要約できます。優秀な外科医のように、神は罪によって増殖した世界の癌細胞をすべて取り除き、健康な新しい地球を築かれるのです。ペテロの手紙第二3章13節が、「義の家」である新しく刷新された天と地を待ち望んでいるのも不思議ではありません。

ペテロの手紙第二3章には、裁き後の連続性と回復というテーマが手紙の著者の念頭にあったことを示す、最後の決定的な主張があります。5節から7節にかけて、来たるべき滅びはノアの洪水に例えられています。手紙の著者は、この世が直面する裁きの火は、ノアの時代に地球を「滅ぼした」洪水のようだと述べています。しかし、もちろん、大地は洪水によって完全に破壊されたわけではありません。清められ、洗練され、最後は剝き出しにされることで、新しいスタート、つまり新しい世界を再び始めることができたのです。きちんと理解をすれば、ペテロの手紙第二3章は、この地球の未来に大きな希望を与えてくれます。この未来は、大きな惨禍と破壊を含みますが、最終的には栄光のうちに再び新しくされ、回復された創造へと導いてくれるでしょう。

ヨハネの黙示録に話を戻すと、この聖書の最後の書簡は解釈が難しいことで有名です。そのため、多くの論評者が地球の将来について混乱しています。ある箇所は継続を暗示し、ある箇所は完全な滅亡を示唆しています。これまで見てきたように、裁きと再創造という二つのテーマが緊張のうちに描かれているのが黙示文学の性質です。いくつかの例を挙げてみましょう。ヨハネの黙示録6章12〜14節には、星が地に落ち、天が巻物のように巻き上がり、すべての山と島がその場所から移されるという預言があります。ヨハネの黙示録20章11節では、天と地が神の御前から逃げ去ることが記されています。どちらの箇所も宇宙の激変と激動を表す表現を使っています。

神にとって、悪の侵入により汚染した被造物を一変させることは、単に家具を取り替えるので

はなく、家全体を完全に更地にして建て直すということです。人類と地球が継ぎ目なく、より高く、より良い次元へ進化するにつれて、「物事は良くなる一方だ」という楽観的な考え方は、この比喩的表現によってロマンチックな夢物語にすぎないことが示されています。これは表面的な化粧直しではなく、完全な造り直しなのです。同様に、地球が完全に破壊され、捨てられるという考えも間違っていることが示されています。私たちに残されたのは恐ろしくも、希望に満ちた未来なのです。地球の未来は劇的な変化を遂げるでしょう。産みの苦しみはさらにひどくなります。現在の地球は、人類の罪によって傷つけられ、汚されていますが、それが永遠に続くことはありません。イエスの突然の驚くべき再臨に備え、裁きの火の中に巻き込まれないよう、心に留めるべき警告があります。しかし、すべてが失われるわけではありません。嵐の向こうには静けさがあり、火の中からは金が生まれ、古い灰の中から新しい創造が出現するのです。

**変容するビジョン**

聖書の偉大なドラマはエデンの完璧な園から始まり、ヨハネの黙示録22章の都の庭で終わります。両者には多くの意図的な並行点があります。アダムが不従順を選んだエデンの園の木は、都の庭では毎月実を結ぶいのちの木に代えられています。その葉は罪によって病んだ国々に癒やしをもたらします。エゼキエルによって預言され、イエスによって成就されたいのちの水の川は、エデンの四つの川に取って代わっています。[24] この都はストレスに満ち汚染された二十一世紀の都市生活ではなく、神の被造物と人類が持つ最高の創造力、工夫、技術との調和を象徴しています。何よりも重要なのは、神、人間、地球の三角形の関係性を汚染した呪いが存在しなくなることです。なぜならイエスの死と復活がそれを打ち破ったからです。エデン以来の罪による分離のために、神と人類は被造物の中でともに歩むことができなくなりました。しかし、今や神ご自身が都に住まわれ、人々は神と顔を合わせることができます。

アダムの不従順から、イエスの到来までの間、天における神の完全な支配は地上から引き離されていました。イエスによって神の王国は再び確立され始め、その王国の兆しは見つかり続けています。しかし、新しい創造が始まり、新しいエルサレムが天から降りるとき、天と地の間に隔たりはなくなります。私たちは「天国に行く」必要はないのです。なぜなら神の家は今、人類とともにあるからです。トム・ライトはこのように言っています。「クリスチャンの希望は単に『死んだら天国に行く』ことではなく、ともに統合された新しい天と新しい地にあります。[25]」これは、キリストが再臨された日に、「この世の王国は、私たちの主と、そのキリストのものとなった。主は世々限りなく支配される」（黙示録11・15）という変容のビジョンです。

新しい被造物がどのようになるか、私たちが正確に想像することは不可能でしょう。聖書は意図的に詳細を曖昧にしているようなので、私たちもそのままにすべきです。結局のところ、私たちは神が驚くべきことを用意していると認めなければなりません。私たちが確信できるのはその驚きがすべて良いものであるということです。感動的な夕日、息をのむような風景、色彩豊かな野生動物、親密な友情、爽快な瞬間などのこの世の最高のものは、これから起こることのほんのわずかな見通しを与えてくれるにすぎません。イエスがすべての被造物の主としてのしかるべき場所に戻って来られるとき、私たちの喜びは完全になります。それですら、私たちの喜びが本当に意味することの始まりを知るにすぎません。

〔**質問**〕

1　この章は「終わりの時」と「地球の未来」について、あなたの理解にどのような影響を与えましたか？　聖書は、私たちの疑問のすべてに明確な答えを与えてくれるわけではないことを認識しつつ、まだ答えの出ていない疑問点を挙げて、さらなる資料を読んだり、他の人と話し合いながら、考えてみましょう。

2　神の国が「今ここにある」と同時に「まだ来ていない」としたら、あなたの経験や周りの

3　世界に神の国のどのような兆しをたどることができますか？
「新しい創造」を描写した聖書の箇所をいくつか読み（ホセア書2章16～23節、イザヤ書11章6～9節、65章17～25節など）、神と人間と被造物の間に調和が存在する世界について自分なりの描写をしてみてください。

# 第六章　実践しよう——弟子訓練における被造物ケア

これまで神と被造物との関係という偉大なドラマの全体像を見てきました。被造物のケアは、キリスト教信仰にとって怪しくも、無関係でも、付随的でもなく、福音の良き知らせにとって不可欠なことです。もしこの真理を確信するならば、それを頭の中にとどめるのではなく、私たちの生活に影響を与え始めなければなりません。本書の後半では、私たちがキリストの弟子として、礼拝、ライフスタイル、宣教において、この真理をどのように実践すべきかを探っていきます。

「弟子訓練」は説教者や牧師が好むテーマです。キリスト教とは、単に特定の信仰を受け入れることではなく、イエス・キリストに従う者、つまり弟子になることです。伝統的に、弟子訓練に関する説教や本は、祈る、聖書を読む、教会に出席するなど特定の事柄に焦点を当ててきました。これらはすべて非常に重要です。祈りとはイエスと話し、イエスに耳を傾けることです。聖書を学ぶことはイエスの教えに取り組むことであり、教会はイエスを信じる信仰の家族と過ごす場所です。弟子訓練に関する教えは、クリスチャンが持つべき道徳的・倫理的態度に焦点を当てることもあります。けれども弟子訓練の中で、自然や土地、そして同胞である生き物たちとの関係について多くを取り上げることは稀です。しかし本書で見てきたように、これらは聖書の中心的なテーマであり、私たちは影響を受けている環境との関わりなしに、イエスの真の弟子にはなれません。

## 神の似姿として

人間は、神と被造物との関係性のドラマにおいて、重要な役割を担っています。第一幕で見たように、私たちは被造物の一部であると同時に、被造物の中から呼び分けられた存在です。私たち人間は堕落の原因であり、被造物のうめきと、被造物全体の秩序における関係性の崩壊の責任を負っています。しかし、神の救いのご計画が実現し、私たちや被造物全体に希望が与えられたことも、イエスという一人の人間を通してです。創世記1章で、人間は神の似姿として造られた（26節）と記されていることを覚えていますか。この章では、被造物との関係の中でイエス・キリストの弟子となることによって、神の似姿としての真の人間性をどのように発見できるかを探ります。

「神の似姿」という言葉は何世紀にもわたって哲学者や聖書学者を魅了してきました。私たちを動物と区別するのは、肉体的な外見なのか、自己認識や意識なのか、それとも人間にはあって動物にはない精神性や霊性なのかについて、これまで多くの書物で考えられてきました。いずれも哲学的な考え方としては一理ありますが、この言葉が最初に登場する創世記1章に根ざしていません。創世記1章26〜28節にはこのように記されています。［原著では『メッセージ訳』を使用］

神は仰せられた。「さあ、人をわれわれのかたちとして、われわれの似姿に造ろう。こうして彼らが、海の魚、空の鳥、家畜、地のすべてのもの、地の上を這うすべてのものを支配する［メッセージ訳では be responsible for: 〜に責任を持てる］ようにしよう。」神は人をご自身のかたちとして創造された。神のかたちとして人を創造し、男と女に彼らを創造された。神は彼らを祝福された。神は彼らに仰せられた。「生めよ。増えよ。地に満ちよ。地を従えよ。海の魚、空の鳥、地の上を這うすべての生き物を支配せよ。」

この重要な箇所から明らかなように、神に似せて造られたということは、私たちが地球や他の生き物とどのように関わるかに関連しています。神は「地球とその被造物に対して責任を持てるようにあなたがたをわたしに似せて造った」と言っています。被造物のケアにおいて神を反映することは、私たちが人間であることの根本です。これは私たちの最初の大きな任務であり、明確な役割なのです。

気候変動や資源の乱獲、そして急速に絶滅している生物種など、先行き不透明な地球の現状を見るとき、創世記1章で託された仕事から私たちがどれほど遠ざかっているかがわかります。人間である私たちは、被造物のケアにおいて神の似姿を反映することができていません。これは地球にとって最悪の結果をもたらすだけでなく、私たち人間にも被害を与えています。敬虔なやり方で地球をケアできないと、私たちは神の似姿を反映することができません。地球をないがしろにすれば、私たちの中にある神の似姿が消え始め、人間らしくなってしまいます。英国国教会の聖餐式には、「私たちはあなたの愛を傷つけ、私たちのうちにあるあなたの似姿を酷く傷つけてしまいました」という告白の祈りがあります。[26] 私たちは人間という種として、神や人間同士、そして被造物との破壊的な関係性を築き、神の似姿をひどく曖昧にし、傷つけてきました。私たちはもはや神の似姿を反映しておらず、人間の肌をまとった神の似姿とは何なのかを理解する助けを切実に必要としています。

## イエスと神のかたち

イエスは神の似姿を反映するという点で、完璧な模範であり、もし私たちが彼の弟子になれば彼からそのことを学ぶことができます。パウロは、イエスを「見えない神のかたちであり、すべての造られたものより先に生まれた方」（コロサイ１・15）と表現しています。ここで使われている「かたち」［英語では image］という言葉は、原語のギリシア語では eikon［アイコンの語源］であり、見えないものを見える形で表現したものを意味します。アイコンは別の世界を覗く窓のようであり、より偉大で真実な現実を垣間見るものなのです。東方正教会のキリスト教徒は、宗教的なアイコン、すなわちイエスやキリスト教の聖人たちの美しい絵、を単なる肖像画としてではなく、私たちをその世界に引き込んで霊的に変容させる可能性を秘めたものとして常に見てきました。

イエスは被造物との関係性における完全な「神のかたち」です。第一に、彼は物質的な世界の一部となることで、神がこの世界に献身していることを示しました。イエスが人間となること（受肉）は、神が被造物に対して可能な限り強く「イエス！」と言うことなのです［メッセージ訳の創世記１・26には And, Yes, という表現がある］。第二に、イエス以上に、神、人間、被造物との間で、完璧で壊れていない関係性を築いた人間は他にはいません。イエスの生涯は、被造物との関係性においてどのように神を表現し、映し出すかという完璧な模範を与えてくれました。イエスは完璧な「アイコン」であり、神と、その周りのものすべてとの関係性を示しています。イエスは私たちを彼の世界に引き込み、彼の態度や行動に従うように促します。

イエスの真の重要性を見逃しがちなもう一つの領域は、彼が頻繁にご自身を「人の子」と呼んでいることです。これは単にイエスの人間性について言っているのでも、旧約聖書の少し曖昧な箇所について解釈しているのでもありません。最初の人間であるアダムについて言及しているのです。「人の子」とは文字どおり「アダムの子」であり、アダムとは（第一幕で見たように）「ちりから造られた」という意味です。[27] イエスはご自身のことを「地から切り出された者の子」として語っているのです。同様にパウロがローマ人への手紙の中でイエスを「第二のアダム」と語るとき、彼は第二の「土の子」を指しています。

最初の人間は大地との関係性において神を反映することに失敗しましたが、この第二のアダムである「土の子」は、目に見えない神を表す完全な姿です。それゆえイエスは被造物のケアという点で、私たちの完璧な模範なのです。彼は被造物に対する力を持っていました。水をぶどう酒に変え、パンと魚を増やし、傷ついた身体と心を癒やしました。彼は被造物を大切にしていました。イエスは、私たちは多くのスズメよりも価値があると言いましたが、神の知らないところで一羽のスズメが地に落ちることはないとも言われました（マタイ10・29）。

何よりもイエスは被造物との関係において、私たちがどのように神の似姿を表すかを完璧に示すリーダーシップのあり方を示されました。古い聖書の訳は、創世記1章で人類は大地とその生き物を「支配する（have dominion）」と訳しています。「支配（dominion）」は征服（domination）に近い響きがあり、クリスチャンが地球を搾取する言い訳をしたり、批評家がクリスチャンは地球の資源を利己的かつ無駄に使っていると非難するために使われてきました。しかしイエスは、神の似姿であることは、権力や特権ではなく、自己犠牲の奉仕だと示しています。

創世記1章に登場する「支配」の本来の意味は「君主権」であり、敬虔な指導者や親による公正で優しい統治（lordship）を指しています。クリスチャンにとってイエスは君主権や王権とは何かを示す模範です。イエスは天の栄光を手放して貧しい家に生まれ、つつましく育った仕える者としての王（サーバント・キング）でした。イエスは弟子たちにリーダーシップの模範を示す際、タオルを腰に巻いて彼らの足を洗いました。そして人の子（アダム、つまり土の子）は「仕えられるためではなく仕えるために」来られた（マタイ20・28）ことを伝え、「あなたがたの間で偉くなりたいと思う者は、皆に仕える者になりなさい」（マタイ20・26）という言葉を示されました。イエスは私たちに、どのように神の似姿になれるのかを示されたのです。イエスが私たちに示されているのは神の姿であり、私たちが被造物に対する扱いにおいて神の似姿となるように召されているのであれば、私たちはイエスの仕える姿勢に倣うべきです。

次に、被造物との関係性においてイエスの弟子となるにはどうしたらよいでしょうか。イエスが被造物の素晴らしさや、被造物が備えられていることを喜んでいることに注目すべきです。イエスは裸足で袋地の粗服をまとった修道士ではありません。彼は結婚式で何百ガロンもの素晴らしいワインを造りました。安息日という休息の日に弟子たちが食べ物を摘んで楽しむことを許して、宗教指導者たちに衝撃を与えました。イエスは神の王国を食べ物や飲み物、そして宴会という言葉で表現されました。イエスは被造物を粗末に扱ったり搾取したりはせず、被造物を利用して楽しむ方法を教えてくださいました。彼は究極の倫理的な消費者でした。イエスはシンプルなスタイルで生活していました。もちろん、自給自足を営むことは当時の文化でした。しかしイエスは、被造物の恵みを享受し、パーティーやお祝いをする方法を知っていたのです。

今日、人口増加と品位を乱すような過剰消費によって、少数の人々があまりにも多くのものを手にし、多くの人々が十分とは言えない物資での生活を強いられています。[イエスの時代とはまったく異なる世界において、私たちはイエスの手本をどのように理解すればよいのでしょうか？　私たちはできる限り大地に寄り添い、季節や雨や太陽の光を通じて神が与えてくださるものに意識を向けて生活すべきです。意識して神に感謝し、食べ物を楽しみ、祝うべきなのです。それと同時に、私たちは善良な執事になるべきで、浪費や過剰な消費をすべきではありません。自分の信仰と矛盾するようなライフスタイルを送る偽善者に対するイエスの痛烈な攻撃が、私たちにも向けられないようにしましょう。

## 神の似姿を理解する

では、イエスに従って被造物ケアを通して神の御姿を反映するために、実践において何をすべきでしょうか？　聖書はいくつもの役立つ場面を示しています。最初の場面は、天地創造の直後に神がアダムをエデンの園に遣わし、そこを耕し、守るように命じたときです（創世記2・15）。この言葉は「仕え、守る」と訳すことができます。つまり、私たちは神の被造物の庭師であり、管理人なのです。庭師は、種を植え、植物を育て、水やりや剪定を行い、良い収穫物を得ることによって、庭を管理する奉仕をしています。創世記1章28節で、人間は「地に満ちよ。地を従えよ」と命じられています。従わせることは人類が得意としてきたことでしょう。ガーデニングは土を従わせ、雑草を取り除き、被造物を管理し、発展させる作業を伴います。庭師は自然を破壊して生命力をなくすのではなく、自然から最良のものを引き出します。庭師は繊細な方法で庭を管理し、整えます。荒野のまま放置したり、庭中にコンクリートを流し込みません。

管理人は自分が責任を負う敷地を守ります。彼らは敷地を見張って、危害から守ります。神の似姿である私たちは、地球全体とそこに住むすべての生き物に仕え、保護すべきです。私たちは被造物の実りを楽しみ、神が造られた世界を生産的に利用し、発展していくことが許されています。しかし、種の間の生態学的なバランスを保ち、資源の利用が特定の種や生態系を脅かさないように抑制しなければなりません。

もう一つの聖書的な姿は、私たちが借り手や執事であることです。本書ではすでに、地球は神の所有物であり、私たちは神の所有地に住み、神に責任を負う借り手の立場にあると見てきました。福音書の中でイエスは良い執事や管理者についてたとえ話を語っています。これらのたとえ話はお金に焦点を当てた話だと思われがちですが、神が創造し、私たちに世話を委ねているものすべての管理に関する話です。執事とは誰かに代わって財産を管理する人です。

マタイの福音書25章で、イエスは、ある主人が三人のしもべにそれぞれの能力に応じて異なる金額を与え、管理させた話をしています。主人が戻って来たとき、彼は健全な利益を上げたしもべを喜び、自分の分け前をただ土に埋めていたしもべに対して激怒しました。この話を被造物に対するスチュワードシップという観点からどのように理解できるでしょうか？ イエスによると、良いしもべとは信頼して与えられたものを守るだけでなく、与えられたものをすべての善のために発展させていく人です。私たちは、絶滅の危機に瀕する動物が何とか生きているような、野生動物保護区のある大きなテーマパークが行っているように被造物を保護する必要はありません。私たちは、利己的な利益だけでなく、すべての種の利益のために、創造的かつ慎重にそして積極的に被造物を励まし、発展させるべきなのです。科学、テクノロジー、ビジネスは、持続可能な奉仕のビジョンにおいて正しく使用されることで、良いスチュワードシップを象徴し、被造物がその可能性を最大限に発揮できるようになります。しかし、もし科学、テクノロジー、ビジネスが利己的な理由や、人間の支配力の象徴として使われれば、私たちが解き放つ最も破壊的な力の一つとなり得ます。

すべての管理者や執事がそうであるように、私たちも所有者から預かったものをどのように使用あるいは悪用したかについて責任を問われるでしょう。いつも私に深い挑戦を突きつけるのは、次のイエスのことばです。「多く与えられた者はみな、多くを求められ、多く任された者は、さらに多くを要求されます」（ルカ12・48）。西洋社会に住む人々は、物質的な富や天然資源など実に多くのものを託されています。私たちは世界の貧しい人々や同胞の生物に対してだけでなく、神に対して富や資源をどのように使用し、成長させていくかについて責任を負っています。

旧約聖書では**預言者、祭司、**王という三つの立場が神と人々との間に立つ特別な役割として定められていました。預言者は耳を傾けない世間に向けて神のことばを宣べ伝えていました。祭司は民の礼拝を神にささげていました。王は神の権威と民の支配を象徴していました。この三つの役割は、すべて新約聖書でイエス・キリストにおいて成就しています。すなわち、神について教えた預言者、二度と繰り返す必要のない犠牲の供え物を死をもって献げた偉大な大祭司、そしてすべてを支配する王です。さらに、イエスを見習い、その足あとをたどる弟子たちもまた、預言者、祭司、王として捉えることができます。聖書は人間と自然との関係性を語るのに、こうした表現をはっきりと用いてはいませんが、この例えは非常にうまく機能しています。

私たちは、自分のライフスタイルや行動が地球に与えている真のダメージについて語るという意味で、預言者的な役割を果たすべきです。今日、このような呼びかけを受けるクリスチャンが増えています。私たちは、世界中のア・ロシャ[28]の活動の中で、儲かる仕事や将来有望なキャリアをあきらめ、ライフスタイルを縮小し、(教会内外で)ひとりよがりな満足に反対を唱え、不適切で有害な開発に立ち向かうよう、イエスからの挑戦を受けているクリスチャンを見出しています。つい最近のことですが、私が講演した会議に出席していた若いクリスチャンから手紙を受け取りました。彼は持続可能で公正な生き方に関する聖書のメッセージに感銘を受け、家に帰ってキャンペーンサイトを立ち上げました。エレミヤやエゼキエルをはじめとする預言者たちが、順調な人生を送り神の助けなど必要ないと考えている人々に対して不愉快な真実を告げたように、私たちもまた、持続不可能なライフスタイルが地球や世界中の貧しい人々に及ぼす影響について語ることができます。

私たちには祭司の役割もあります。なぜなら被造物が言葉にできない神への賛美を、言語や音楽、創造性によって表現することができるからです(このことは第七章でさらに掘り下げていきます)。芸術、演劇、彫刻、音楽、ダンスなど、人間の創造性のすべては、自然の中に表現されている神の創造性を反映しています。それは被造物の礼拝をまとめあげ、私たちを神の臨在へ導く礼拝のささげ物になります。[それこそが祭司の役割です。]

最後に私たちは神の代理人という王としての役割も担っており、神に代わって世界を慈しみをもって治める必要があります。これまで見てきたように、これは威張って地球を支配するのではなく、責任を持ってケアすることなのです。詩篇8篇は、人間は驚くほど取るに足らない存在であると同時に、神によって被造物を支配するように定められた存在であると記しています。優れた指導者のように、自分はこの立場にはふさわしくないという謙遜さを保たなければなりません。私たちは被造物を支配していますが、自分自身も被造物の一部です。私たちは自分たちの家、そして何百万もの他の種の家を見守っています。これは驚くべき特権であると同時に、非常に大きな責任です。最も重要なことは、私たちは自分たちだけでこの世界を支配することはできず、私たちの主であり、創造主、支え主、救い主である神に頼るしかないということです。

## 今日の弟子訓練

結論として、弟子訓練の聖書理解は、被造物を大切にする点でイエスに従うことを含めなければいけません。イエスは、被造物との関係性において、完璧な模範を示しています。被造物の実りを楽しみ、（大工として）被造物を創造的に発展させ、その中で尊重と優しさをもって生きていました。この章で見てきたように、この世界におけるイエスの弟子として、私たちの役割を理解する助けとなるモデルがいくつもあります。庭師や管理人、借り手やしもべ、預言者、祭司、王などです。どれも受動的な役割ではありません。どの役割も言葉だけでなく、私たちの生き方を変えるような行動と関わりを必要としています。

けれども、私たちが一歩踏み出して、被造物ケアにおいて神の似姿になろうと努めるとき、イエスはすでに私たちよりも先に進んで模範を示してくださることに、私はますます心強く思っています。彼はすでにご自分の世界で働いておられます。宇宙の力や季節の移り変わりを陰で支えておられるだけでなく、ご自分の似姿を回復するためにご自身の民に道を備えているのです。被造物がうめいているとすれば、それは苦しみの中にいるだけでなく、神の息子や娘たちが被造物の中で自分たちの本当の居場所を再発見することを切望しているからです。「被造物は切実な思いで、神の子どもたちが現れるのを待ち望んでいます」とパウロはローマ人への手紙8章19節に記しています。癒やされ、回復した被造物の初穂であるイエスは、私たちが神の似姿になろうとするときの励ましだけではありません。イエスはまた、被造物の関係性の傷ついた構造を回復するために、私たちがなすべき良い働きを備えておられます。イエスの弟子であることは、イエスの世界をケアし、罪によって壊された関係性を回復する手助けをし、人類が最初に与えられた偉大な使命を取り戻すことで、イエスに仕えることを含むのです。

〔質問〕

1　神から与えられた人間の役割は何でしょうか。創世記の1章と2章、そしてイエスの例を用いて描いてみましょう。

2　この章では、イエスの弟子としての私たちの役割が、庭師や管理人、借り手やしもべ、預言者、祭司、王のようであると説明されています。この中で最も参考になるもの、ならないものは何ですか？　それはなぜですか？

3　科学、テクノロジー、ビジネスの賜物を、被造物を搾取し、破壊するのではなく、適切に維持や管理するためにどのように使うことができますか？

# 第七章　実践しよう——礼拝における被造物ケア

礼拝は生きる目的です。それは祈りや賛美、聖書の学びといった「宗教的」な部分だけでなく、私たちの生活全体に関わります。車を運転したり、スーパーマーケットで買い物をしたり、友人と話しながらでも、私たちは神を礼拝することができます。それは私たちのすべての行いの中で神に心を合わせ、活動や出会いをそっと神にささげることでもあります。

それはまた、その活動が何を伴うかに関わります。仕事中に心の中で神を礼拝していても、その仕事で貧しい人々から搾取したり、税金をごまかしたり、地球を汚染しているなら、それは神を喜ばせる礼拝ではなくなります。もしも私がスーパーマーケットでイヤホンで賛美歌を聴きながら歩いていても、単に価格を下げるために残酷な扱いを受けた動物の肉を買うなら、それは創造主、支え主、救い主である神への賛美ではなくなります。

ここから二つの章では、聖書の礼拝に関する素晴らしい統合的理解を検証します。ライフスタイルの実践的な問題（第八章参照）を検討する前に、私たちと神、人間同士、そして地球との関係性を見ていきましょう。被造物を大切にしながら神を礼拝する方法を探求するために、「WORSHIP」という言葉のアウトラインを使用します。

W　神の被造物への驚き　Wonder at God's Creation
O　被造物を通して語られる神に心を開く　Openness to God speaking through creation
R　神が置かれた場所に根ざす　Rootedness in the place where God puts us
S　安息日の休息とレクリエーション　Sabbath rest and re-creation
H　被造物との実践的な関わり　Hands-on involvement with creation
I　すべての関係性の統合　Integration of all our relationships
P　神の国のための祈り　Prayer for God's kingdom

**神の被造物への驚き（W）**

私たちは驚きに飢えた世界に生きています。しかし、庭や野原で遊んでいる子どもたちを見ると、彼らは見つけたものに対する喜びと驚きで溢れています。幼い子どもたちは驚きという感覚を持って生まれています。悲しいことに、大人になるにつれて論理的になり、皮肉を覚え、疑い深くなり、この感覚はしぼんでいきます。私たちは驚きという感覚を忘れてしまうのです。虹が湿った空気の中で屈折した光であることを科学的に学んでしまうと、雲の中に魔法のように現れる虹を見る子どものような喜びを忘れてしまいます。私たちは忙しさにかまけて道を急ぐあまり、立ち止まって水たまりや木の葉を見たり、すれ違う人の顔に気づかなくなってしまいます。しかし、そうである必要はありません。驚きの感覚をまだ持っている大人は、私が知っている中で最も興味深く、思慮深い人たちです。

驚きは礼拝へのステップです。何かに対する美しさや素晴らしさを感じ、「ありがとう」と言うまでの短いステップなのです。もちろん私たちが感謝する対象は、私たちが認識していようといまいと、創造主なる神です。神の被造物は、私たちが驚きの感覚を再発見できる舞台であり、私たちが礼拝を始めるために神に選ばれた場です。

驚きの感覚を再発見し、礼拝を変容していくためには、神との関係性の持ち方を変える必要があるかもしれません。私がとても不思議に思うのは、クリスチャンが礼拝のために室内で目を閉じて座っているのが普通だと思われていることです。私たちの性格はさまざまなので、部屋で静かに座って神に集中することが最も効果的だと感じる人もいるでしょう。しかし残念なことに、それが神との関係性を育む唯一の「正しい」方法と見なされがちです。多くの人にとって、ウォ

ーキングやジョギング、サイクリング、あるいは静かに座って周囲に目を向けて耳を澄ませながら神の臨在を求め、屋外で祈ることは解放的で豊かなことです。これは何も新しいことではなく、実は聖書的にも、屋内で礼拝するよりずっと「普通」のことなのです。

イエスが礼拝の手引きとして用いた詩篇は、被造物のすばらしさを歌っています。詩篇100篇は「全地よ　主に向かって喜びの声をあげよ」で始まります。この聖句では、「すべての人々」だけでなく、「全地」と書かれていることに注目してください。詩篇96篇もまた、「全地」が神に向かって新しい歌を歌うことを勧めており（1節）、人間以外の被造物について具体的に触れています。

天は喜び　地は小躍りし
海とそこに満ちているものは　鳴りとどろけ。
野とそこにあるものはみな　喜び躍れ。
そのとき　森の木々もみな喜び歌う。主の御前で。
主は必ず来られる。地をさばくために来られる。
主は　義をもって世界を
その真実をもって諸国の民をさばかれる。（詩篇96・11〜13）

同じような言葉で語られている箇所はたくさんあります。被造物は自ら神を賛美しています。被造物による賛美に浸る以上に、神を礼拝するステップはありません。被造物全体は巨大で複雑なオーケストラです。神の被造物一つひとつが楽器であり、神が意図されたとおりに生きることを通して、神を礼拝しています。被造物は神から託された役割を果たすとき、神を礼拝しているのです。詩篇148篇には、海の巨獣、果物や杉の木、野生の動物や家畜、小さな生き物や鳥、王や君主、男や女、年老いた者や幼い者、すべてが神を礼拝する様子が記されています。息や声が出ないものさえ神を賛美します。詩篇98篇には、海よ「鳴りとどろけ」、川よ「手を打ち鳴らせ」、山々は「こぞって喜び歌え」と記し、全地が音楽とともに歓喜の歌声に包まれることを表しています。新約聖書の中でイエスは、もし私たちが神への礼拝をやめるなら、石までもが神に向かって叫ぶだろうと言われています（ルカ19・40）。

人間である私たちは、このオーケストラの一部であり、他者と調和して演奏するように設計された楽器です。同時に、神の似姿として特別な役割に召されています。私たちの役割はむしろ指揮者のように、オーケストラの各楽器にハーモニーを奏でてもらうことです。［被造物との関係性で例えるならば］一つの種が不健全な支配をしている場合、その勢いを抑えます。別の種が保護的な栄養を必要とする場合、私たちは指揮者としてそれを育てなければなりません。私たちは、被造物から最良のものを引き出し、生み出します。ドイツの神学者ユルゲン・モルトマンは、

「被造物の賛美によって、人間は宇宙の典礼を歌い、宇宙は人間を通して創造主の前で被造物の永遠の歌を歌う」と記しています。[29] 言い換えれば、私たちは周囲の被造物から湧き起こる賛美の声を代弁し、それを神にささげることができるのです。

けれども被造物に対する驚きの感覚を呼び覚まして神を礼拝することは、聖書の学びを通した礼拝に取って代わるものではありません。詩篇19篇の最初の6節は自然界がいかに神の栄光を宣言しているかを語り、次の5節では聖書がいかに重要で有用であるかを語っています。つまり、神のみわざの書物と神のことばの書物、その両方が必要なのです。神のみわざである被造物は、私たちに驚きと賛美の感情をかき立て、神のことばである聖書は、それらの感情を意味づけます。

私が神との関係が悪くなり、苦しくなったとき、再び私を神へと引き寄せてくれたのは、多くの場合、被造物における神の素晴らしさでした。ロンドンの都会的で、騒々しく、混雑した場所に住んでいても、神の世界が驚きをもった礼拝へと導いてくれる場所がたくさんあることに気づかされます。空を見上げ、刻々と変化する雲を眺めながら、大地に水を、生き物に成長を与えるために雨と太陽の光を送る神の力に思いを馳せます。足元の草を感じ、働き者のアリや他の小さな生き物を見ていると、私自身もこの驚くほど複雑に絡み合った世界の一部であることを思い出します。あまり長く座っていると、生活のために働こうとしない怠け者と忙しく働く小さなアリが対比されている箴言6章6節を思い出します。神に賛美と祈りをささげるとき、自然界が私を激励し、挑戦し、助けてくれました。そして神の力、創造性、ケア、細かいことへの関心を思い出させてくれます。心配事や重荷を抱えたとしても、被造物における自分の居場所を見出すことで、適切な観点で物事をみることができるのです。

何世紀にもわたり多くのクリスチャンにとって、被造世界における神の存在を深く感じさせる特別な場所がしばしば存在していました。イギリス北部とアイルランドに福音を広めたケルト人のクリスチャンたちは、「神の、目に見えない性質、すなわち神の永遠の力と神性」(ローマ1・20)がはっきり見られる美しい島々を拠点とすることが多かったようです。スコットランド・ヘブリディーズ諸島のアイオナ島、ノーザンブリア地方の「聖なる島」であるリンディスファーン島、ウェールズ北部のバードジー島のような場所は、すべて「薄い場所」と見なされていました。つまり日常生活と神の国の現実を隔てる覆いが薄くなり、神の臨在を深く感じられる祈りに満ちた場所なのです。神との出会いを求めてこうした場所を訪れる人々を迷信的だと馬鹿にしてはいけません。彼らは長いキリスト教の伝統の中で、自然の驚異の体験を通して神と出会うという聖書のパターンを体現しているのです。しかし人々がそのような場所と迷信的な関係性を築き、自然界に集中しすぎて、被造物を超えた存在である創造主なる神を見失う危険性はありません。だからといって、美しい場所(歴史的な巡礼地であれ、素晴らしい山々、海岸、森林であれ）を、神の力と自然を人々に感じさせる偉大な伝道者として見ることを阻んではいけません。美しい島であれ、賑やかな都会の真ん中であれ、どこに住んでいようと、驚きの感覚を養いましょう。そうした感覚は、繊細な植物のように育てなければ枯れてしまいます。被造物を通して神の足跡を見て、神の声を聞くことができる場所を探し求めれば、私たちは礼拝に導かれるだけでなく、私たちを取り巻く世界をより大切にするようになるでしょう。

## 被造物を通して語られる神に心を開く（O）

本書の第一章では、被造物がいかに多くの方法で神を語っているかを、経験と聖書の両方の裏付けから確認しました。神は被造物が私たちに間接的、直接的に語りかけることを許しています。私は個人的に、神が被造物を通して、聖書に書かれていることと決して矛盾することなく、新鮮かつ直球のメッセージを語っておられる場面に直面してきました。健康、資金、人間関係などについて悩んだとき、自然を観察することで慰められたり、挑戦を受けてきました。私は心配するのではなく、むしろ鳥や花を見て考えなさいというイエスの教え（マタイ6・25〜33）を文字どおり受け止めるようにしています。もともと心配性である私は、神がご自身の被造物に必要なものを備えてくださる一方で、私たちは（他の動物たちと同様に）食べ物を求めて働かなければならないことを見て、多くのことを学びました。

ヨブ記12章7〜10節にはこう書かれています。

しかし
獣に尋ねてみよ。あなたに教えてくれるだろう。
空の鳥にも。あなたに告げてくれるだろう。
あるいは地に話しかけよ。教えてくれるだろう。
海の魚も語るだろう。
これらすべてのうちで、
主の御手がこれをなしたことを
知らない者があるだろうか。
すべての生き物のいのちと、
すべての肉なる人の息は、その御手のうちにある。

私たちが物事を見失ったとき、神は被造物を通して語りかけてくださいます。ヨブが頼りにならない友人に返答しているこの箇所は、自然に頼る感覚を描写しています。いのちと息は神が与えるものであり、神はそれを奪うこともできます。人間としての傲慢さを持つ私たちは、時として自分自身が不死身であるかのように、または高嶺の存在であるかのように振る舞ってしまいます。これをタイタニック症候群と呼べるかもしれません。自分たちが作り出したものが、自然の力や神の手にさえ打ち勝つことができると信じてしまうのです。これはバベルの塔の時代から始まったことであり、現在も続いています。政治家や科学者が、気候変動はより良い技術によって簡単に解決できると宣言するたびに、彼らはこの罠に陥っています。世界は人類の思いよりもはるかに大きく複雑であり、神はご自身が創造した宇宙よりもはるかに大きく複雑な存在です！

私たちが真の謙虚さを取り戻せば、自分自身を見つめ直すことができるでしょう。被造物はその手助けをしてくれます。そのため二〇〇四年のアジアの大津波も、二〇〇五年のハリケーン・カトリーナによるニューオリンズの被害も、警鐘を鳴らすものだったと私は信じています。この二つの恐ろしい出来事は人類の信念を根底から揺るがし、人間がいかに賢く進歩した種であっても、非常に複雑な被造物のほんの一部にすぎないことを示しました。イザヤ書40章は、「人はみな草のよう。その栄えはみな野の花のようだ」（6節）と述べ、地上で最も力強い国々でさえも「国々は手桶の一しずく」や「秤の上のごみ」（15節）であることを思い起こさせています。

人類は万物の尺度ではありません。山の頂上から広がる景色や、夜空から何光年も離れた星を見るとき、被造物の規模の中で自分が何者であるかを実感できます。自分が取るに足らない存在だと知り、私たちをご自身に従う者として、そしてご自身の世界の同労者となる者として選んでくださる神が必要だと知るのです。

神はまた、私たちが乱用してきた被造物のうめきを通して語られます。先ほど見たように、ローマ人への手紙8章は、私たちが神の道を拒むことによって関係性を壊したために、被造物である宇宙全体が「今に至るまで、ともにうめき、ともに産みの苦しみをしています」(22節)と述べています。しかし、これはローマ人への手紙8章で言及されている三つの「うめき」の一つにすぎません。被造物とともに神の御霊を持つ私たちも「心の中でうめいて」おり(23節)、神ご自身も御霊を通して私たちのために「ことばにならないうめきをもって」(26節)祈っておられます。神はこの世の苦しみと無関係ではありません。御霊によって、私たちや被造物の苦しみに加わっておられるのです。神が世界の苦しみとうめき声に深く関わっておられることを理解して初めて、私たちは今日の自然界に存在する途方もない苦しみと残酷さ(その多くは私たち自身が引き起こしたもの)を理解し、人間の苦しみを受け入れることができるのです。

ヨブの物語には、被造物の複雑さと苦しみに対する神の関わり方を見ることができます。ヨブは、快適さ、財産、安心、名声、人間関係、健康などすべてが取り去られました。彼は哲学や神学、あるいは自分の苦しみを説明しようとする論理的な議論からは何の慰めも得られませんでした。そんな中、ヨブ記38章から41章にかけて、神はヨブを被造物のツアーに案内します。神は天の高さと海の深さを見せるためにヨブを連れ出しました。巨大な気象システムや、露や霜の細部も見せました。ヨブはあらゆる種類の奇妙な生き物を見ました。神はこのツアーを通して一体何を示そうとしているのでしょうか？　より広い視点からヨブに「わたしがこれらのものを造ったとき、あなたはどこにいたのか？　あなたはこのようなことができるか？」と質問しているのです。神はヨブの心を打ち砕いたり、彼をあざ笑っているのではありません。ヨブに物事のより大きな全体像を見せようとしておられるのです。

ヨブは被造物の中に神の驚くべき力と威厳、そして神の芸術性や優しさ、ユーモアを見ます。自分の人生が無意味に思えても、被造物には秩序と目的があるのです。たとえ恐ろしい苦しみがあったとしても、宇宙の舵は愛の手が握っています。ヨブは自分の苦しみが巨大な物事のスケールの中でどのように位置づけられているかを再認識し、沈黙を強いられます。最後のテーマは、神は被造物全体と密接に関わっておられるということです。ヨブ記ではほのめかされているだけですが、新約聖書の光に照らされて、より明確になっています。神は暁を巻き上げ、星を披露します。神は不可解や苦しみから距離を置いて遠くにいるのではなく、むしろ深く関わっておられます。ヨブは最後まで自分の疑問に対する明確な答えを得ませんでしたが、それでも神と和解しています。彼は被造物を通して神と出会ったのです。

今日、私たちは被造物を通して語りかける神の声に耳を澄ます必要があります。喧騒に囲まれている生活は、被造物のささやきの静けさを簡単にかき消してしまいます。一方、氷河が溶けるきしみ、森林が燃える炎、ハリケーンの轟音など、神の損なわれた世界はより大きくうめいているのです。

被造物のうめき声を通して神が語られるのを初めて聞いたとき、私の人生は一転しました。神が私に語られたのは、美しい島で休暇を過ごしている際に家族が出したゴミを捨てていたときです。簡単に聞き逃すこともできたでしょうが、内なるささやきがこう言いました。「あなたがわたしの世界にしていることについて、わたしがどう感じていると思うか？」手に持っていたゴミ袋は私が自宅で何気なく使っていた物と似ていましたが、突然違うように感じました。そのゴミ袋は、神が与えてくださるものを当然のように扱い、貪欲と快楽を崇拝し、自分勝手な浪費をするという、神の良い世界に対する乱用の象徴となったのです。神は語られ、被造物はうめき、礼拝はそれまでと同じではあり得ませんでした。

## 神が置かれた場所に根ざす（R）

私たちは絶え間なく流動的で根がない世界に生きています。社会学者のジグムント・バウマンは、現代人を「旅行者」また「放浪者」と呼んでいます。[30] 旅行者とは、「世界を見る」ために格安のパッケージツアーに参加し、束の間の感動を味わった後に別の目的地へと移動するような、楽しむことを目的とした旅行ができるほどの余裕がある人々です。放浪者とは、持たざる者、つまり今いる場所では生活をすることが厳しすぎるために移動し続ける人々のことです。戦争、迫害、貧困、環境問題からの逃避を求めてあちこちを転々とする難民が今日、何百万人もいます。国連によると、気候変動によって二〇五〇年までに少なくとも一億五千万人の環境難民が生じるそうです。その中には、住居、仕事、あるいは家族の近く（もしくは遠く）に住むために各地を転々とする人々も含まれます。

この世界的な大移動の結果は悲惨です。世界が根がない場所となったことで、私たちは生態的、社会的、精神的、そして霊的な関係性の崩壊という有害な結果を目の当たりにしています。自分が住んでいる土地のことを本当に知っていたり、その土地の野生動物に興味を持ち、ブラックベリーがいつ頃に実ったかを語れる人はめったにいません。都会の子どもたちは、自分たちが食べているものが最初からスーパーマーケットの棚に並んでいるのではなく、土の中で育っていることをほとんど知りません。食べ物は何千キロも離れたところからやってきます。近隣の土地から届くこともありますが、その食べ物についてはよくわかっていません。

けれども、私たちは人や場所に属するように造られています。私たちは神との関係性だけでなく、人間同士のコミュニティや自然界と関係性を持つようにデザインされているのです。本書の第三章では、神が私たちを置かれた場所で根を下ろすように造られたことを見てきました。エレミヤ書29章で、神はバビロンに捕囚となったイスラエルの民に語りかけ、そこに根を下ろすよう促しています。私たちがどこにいようとも、たとえその場所を選ばなかったとしても、神は同じように、私たちが置かれた町や村の益のために祈り、働くことを求めています。エレミヤ書29章4節から7節は、今日の私たちにとって重要な箇所なので、もう一度引用させてください。

「イスラエルの神、万軍の主はこう言われる。『エルサレムからバビロンへわたしが引いて行かせたすべての捕囚の民に。家を建てて住み、果樹園を造って、その実を食べよ。妻を迎えて、息子、娘を生み、あなたがたの息子には妻を迎え、娘を嫁がせて、息子、娘を産ませ、そこで増えよ。減ってはならない。わたしがあなたがたを引いて行かせた、その町の平安を求め、その町のために主に祈れ。その町の平安によって、あなたがたは平安を得ることになるのだから。』」（エレミヤ29・4～7）

今日、神はクリスチャンに対して、礼拝の一環として地域社会や環境に深く根を下ろすことを求めておられます。例として、私がマングローブについて学んだことを説明します。マングローブは淡水と海水が交わる潮間帯に育つ特殊な熱帯植物です。マングローブは複雑な根を持っているので、潮の流れや満ち引きが激しい場所でも生き残ることができます。そして、健全なマングローブ湿地は驚くべき生物多様性の場となります。そこは魚やカメの養殖場となり、鳥の営巣地となります。泥の沈殿物には貝類や無脊椎生物がたくさん生息しており、天然の衝撃吸収材としても機能しています。海岸で熱帯暴風雨やサイクロン、津波が起こるときには、その衝撃の多くを吸収し、背後にある土壌や動物、村を守ります。実際に二〇〇四年のアジアを襲った大津波では、マングローブが破壊された地域は壊滅的な被害を受けていますが、健全なマングローブが残っていた地域は明らかに被害が少なかったのです。

今日、世界が直面している嵐は、気候の変化だけでなく（気候変動は最も深刻な事態の一つではありますが）、社会、経済、環境の激変も含んでいます。そのため人々がマングローブのように、神が置かれた場所に深く尽くすことが私たちに切実に求められています。深く根を下ろした人々は、地域社会の組織を支えます。深く根を下ろした人々は、地域の生態系をよく知っています。何をいつ育てるべきかを知り、季節の移り変わりに気づきます。深く根を下ろした人々は、困難な状況に陥ったとしても別な場所に移るのではなく、神や、自らを支える人間や自然のコミュニティに深く根を下ろすのです。神は私たちが今住んでいる場所から移動しないことを望んでいるのではありません。しかし、これを安易な逃げ道にし、今いる場所には関わりがないという言い訳にしてはいけません。結局のところ、エレミヤ書29章に登場するイスラエルの民がバビロンに追放されたのは約七十年間だけでしたが、神の目から見れば、それは彼らがその土地に心から関わるのに十分な期間でした。もし私たちが引っ越すことがあれば、そこに深く根を下ろし、人間社会と自然界の両面で、新しい居場所をよく知ろうと努めるべきです。

クリスチャンは、根を失った世界において、私たちを園に置き、それを耕すように言われた神を信じます。神は民を土地に置き、その世話をするように指示されたお方、そして御子を遣わし、三十年かけて土地と地域社会を知ろうとされたお方です。神が自分を置いてくださった場所を知ることは、その神を礼拝する上で不可欠です。植えられた場所で咲きましょう。

## 安息日の休息とレクリエーション（S）

神からの貴重な贈り物である時間を、私たちが商品のように扱っていることは実に奇妙です。私たちは、まるでタクシーのメーターが刻々と動いているかのように、一秒一秒のコストを計算し、被造物を楽しむことを「時間の無駄」だとみなすかもしれません。しかし、被造物の中にこそ、神の時間の真の感覚を見出すことができます。神はリズムとパターンを創造されましたが、私たちはそれを危険なまでにおろそかにしています。神のリズムとパターンは人生という生地に折り込まれており、無視すれば、端が擦り切れ摩耗します。神の時間は、太陽の動き、月の満ち欠け、潮の満ち引き、そして季節の規則正しい循環によって成り立っています。被造物がなければ私たちの時間感覚は歪み、今この瞬間を楽しむよりも、次の締切［デッドライン］（ライフラインとは対照的な象徴的な言葉）に集中するようになります。

私たちの社会は、神の創造のみわざの重要な側面である安息日の必要性を忘れています。安息日とは神の臨在のもとで休み、遊び、レクリエーション（Re-creation ＝ 再創造！）するひとときです。神は光と闇、海と空、土地と植物、太陽、月、星、魚、鳥、動物、人間を創造した六日間の重作業の後、すべての仕事を終えて休まれました（創世記２・２）。神でさえも休息が欲しかったのです。

安息日は集まって神を礼拝し、家族や友人とともに過ごす時です。しかし、安息日には見落とされてきたそれ以上の側面があります。安息日は、神と人と被造物全体の関係性を理解する鍵です。本書の第三章で見たように、安息日は人のためだけでなく、動物（出エジプト記20・10）や、土地そのもののため（レビ記25・1～7）でもあります。イスラエルの民は、同胞である生物に安息を共有して尊重すること、また土地そのものに七年ごとに安息を享受することを明確に命じられていました。旧約聖書が幾度となく安息日について語るとき、「それは主の安息日である」と思い起こさせられます。安息日は人間と同じく被造物に関するものであり、さらにはすべて神に関するものです。

すべての関係性には「充実した時間」が必要です。カップルが互いの関係性を楽しむためには、気が散らない空間を築く必要があります。同じように安息日は、神、人間、自然の関係性のための特別な時間なのです。つまり、私たちと神、私たちと被造物、そして神と被造物との関係性についてです。神は被造物を喜んでいます。神は多様なご自身の作品を楽しんでいます。神は被造物を、昼と夜、潮の満ち引き、夏と冬、収穫と実り、働きと休息といったリズムに従って機能するように創造されました。安息とは、神の心から生じるこうしたパターンに私たちがつながっていることを確認することです。これは地球に対する神の献身であり、「この地が続くかぎり、種蒔きと刈り入れ、寒さと暑さ、夏と冬、昼と夜がやむことはない」（創世記8・22）ことを保証しています。人類、動物、そして地球そのものにとって、リズムと休息が大切なのです。

私はもともとアクティブなほうです。忙しくなるまで手帳を予定でいっぱいにする傾向があります。しかし、神が望んでおられる礼拝とは、予定いっぱいの手帳で忙しく神に仕えることではないことを学びました。神は私を求めておられるのです。（アダムとエバがしたように）涼しい庭を歩いたり、（詩篇23篇でダビデがしたように）静かな水のほとりに座って魂を回復させたり、（イエスが弟子たちとしたように）友人たちと静かな場所に出かけるように、慌ただしさに埋もれていない私の存在を求めておられるのです。神はイザヤを通してこのように言われました。「立ち返って落ち着いていれば、あなたがたは救われ、静かにして信頼すれば、あなたがたは力を得る。」(イザヤ30・15)

安息日の休息とは、神が望んでおられるリズムを再発見することです。これらのリズムは、霊的、精神的、肉体的な幸福に不可欠です。また、私たちが地球のペースに合わせ、健全な被造物の一部として生きていくためにも重要です。

## 被造物との実践的な関わり(H)

数年前、ある大手の医療慈善団体の調査から、緑地が少ない地域と精神衛生問題の増加に直接的な関連性があることを知りました。当時私は都市部の教会で牧師をしていましたが、この調査結果に驚きませんでした。それ以来、幸福に関する調査に注目してきましたが、人々が一貫して挙げた幸福感を感じる重要な要因は「自然との触れあい」でした。神は関係性を大切にするお方であり、ご自身や人間同士だけでなく、周りの世界とも関係性を持つように私たちを創造されました。庭がコンクリートで敷き詰められるほど密集した騒々しい地域は、被造物との関係性がまったくもって不足しており、そこにいる人々の生活には精神的・霊的な貧しさが見られます。

教会の庭で、二歳の娘が年上の女の子にタンポポ[英語ではダンディライオン]を見つけたと伝えました。その子は「バカにしないで、それはライオンじゃないよ！」とあざけるように言いました。彼女はありふれた花のことすら知らなかったのです。またあるときには、教会の女性が台所の窓から外を見ていると、鳥のえさ台にコマドリがいることに気づきました。彼女は「え、え、本物よ！」と驚いて息を呑みました。都会で最もありふれた鳥にもかかわらず、彼女はそれまでそのことにまったく気づくことなく、コマドリをクリスマスカードに描かれた架空の鳥だと思い込んでいたのです。

神の被造物から離れて長く過ごすと、私たちは苦しみます。人間は被造物の一部であり、神から与えられた最初の仕事はエデンの園の世話と動物の名前をつけることでした。私はすべての人間にとって自然と実際に関わることが重要であると理解するようになりました。それは私たちにとって良いことであり、創造主をより意識させ、神の被造物を悪用し搾取する機会を減らします。

私の妻はここ数年、市民菜園の区画を借りています。当初は、安い、倫理的に作られた地元産の食料を家族に提供するために始めました。しかし驚いたことに、菜園を行うことで、神との関係性も深まったそうです。彼女は若い苗に水をやりながら、信仰を持ち始めたばかりの友人のために祈っています。雑草を抜きながら、自分の良心を吟味し、赦しと清めを祈り求めています。種を植えて、成長を待ち、収穫をする中で彼女は神のみわざと私たちの働きが一つになることをより強く意識するようになりました。美味しい食べ物を育てて食べるのは私たちですが、神は太陽と雨を送り、小さな種を巨大なカボチャに変える奇跡をもたらしています。

被造物との関わり方は、その人の性格や置かれている環境によっても異なります。ガーデニングが好きな人もいれば、バードウォッチングやカヌーが好きな人もいます。星を眺める人もいれば、熱心にウォーキングする人もいます。同じ人でも、ある時期はサーフィンに夢中になり、数年後には風景画を描くような落ち着いた趣味を楽しむかもしれません。人生を豊かにする何らかのポジティブな方法で被造物と関わり、それを通して神を礼拝するように導かれることは重要です。

カンタベリー大司教ローワン・ウィリアムズ博士は、報告書『Sharing God's Planet』の序文で次のように記しています。「神から与えられた世界を受け取りましょう。散歩に出かけましょう。水で濡れてみましょう。土を掘ってみましょう。[31]」これらの言葉はシンプルですが、非常に深みがあります。神は私たちに、ご自

身の世界を楽しみ、世話をするために与えてくださいました。被造物と積極的につながることは、深く本質的なことです。様々な自然の要素を体験し、神の創造性を楽しみ、自らクリエイティブな仕事に携わりましょう。そうすることで、私たちは地球との関係性、そして礼拝を望んでおられる神との関係性を深めていくのです。

## すべての関係性の統合（Ｉ）

今日の西洋文化が抱える最大の問題の一つは、人生をさまざまな仕切りで区切ってしまうことです。仕事、家庭、家族、友人、レジャー、政治、買い物、信仰など、すべてが大きな建物の中の別々な部屋のようなもので、部屋と部屋の間はドアで仕切られています。仕事場での自分、教会での振る舞い、仮面が外れたときの家庭での姿などを関連づけるのに苦労するかもしれません。ある環境では攻撃的な競争を好み、別の状況では穏やかで愛情深いように見えることもあるでしょう。教会での言葉遣いと、車のハンドルを握っているときの言葉遣いはかなり違うかもしれません。自分の人生がどのように砕けて、崩壊していくかについて、あなた自身の経験から例を挙げられるのではないでしょうか。人生とはたくさんの皿で同時に皿回しをするサーカスのパフォーマーのようだ、と感じることがあります。それらがすべて落ちてしまうのは時間の問題なのです。

この統合の欠如は、私たちと自然界との関係性にはっきりと現れています。私たちは地球は主のものだと信じているかもしれませんが、それを「信仰」と書かれた部屋に押し込めているだけで、「仕事」、「ライフスタイル」、「政治」などと書かれた部屋に入れたりしません。口先では神を礼拝していても、自分の生活は（ここでも私自身のことを話しますが）キャリア、家、車、銀行口座、身体、ついには自分自身を礼拝しているように語っているかもしれません。「イエスは主である」と宣言しても、人生にはしっかりと鍵をかけた秘密の部屋がいくつもあります。私の経験では、西洋文化全体が物の所有や自然界との関係性において、イエスを主とすることを締め出しています。その結果、懐は豊かになっても、神や人間同士、そして被造物との関係性はずっと乏しくなっています。

しかし、神はそのようなことを望んでおられません。神は、私たちがつながりのある、バランスのとれた意味のある人生、そして誠実で統合された人生を送ることを望んでおられます。その秘訣は実はとてもシンプルで、神を中心に置くことです。イエスが万物をひとつにまとめる（コロサイ1・17）お方、つまり全宇宙の中心であるならば、私たちの人生の断片的な部分はすべて、イエスを真ん中に置き、特定の領域から締め出さないことによって意味あるものになります。私たちの人生と被造物のあらゆる部分においてイエスを主とすることは、まさに礼拝の核心です。そうしなければ、私たちの人生は常に違った方向に引っ張られてしまいます。

実践的な言い方をすれば、統合された方法で神を礼拝するということは、私たちの生活のあらゆる領域でイエスが主であることを求め、イエスを中心に実践的なステップを踏むことを意味します。私たちは分断された人生を送ることはできません。職場での態度は家庭や教会での人間関係にも影響します。私たちの人生の秘密の隠された部屋は、他のすべての場所に影響を及ぼすため、いつまでもそのままの状態ではいけません。地球や貧しい人々に被害を与える生き方をすれば、自分自身も心理的、精神的、ひいては経済的、生態的なダメージを受けることになります。

私は地球全体をひとつの家、つまり神のものでありながら私たちが住み込んで管理している家だと見なすことが、この理解を深めるために役立つと考えています。聖書で使われている「家」を意味するギリシア語（オイコス）は、「エコロジー」（地上の家における関係性の科学）と「エコノミー」（お金だけでなく、家にあるすべての資源の利用）の両方の語源となっています。私たちが信じ、口にすることが、実行することと一致するような誠実な生活を送るためには、創造主であり、支え主であり、贖い主であるイエスが、私たちの家庭の主でなければなりません。

私たちは絶えず対立する方向に引っ張られる文化に生きているので、人生のあらゆる部分でイエスへの礼拝を確実にすることは、継続的なプロセスです。ローマ人への手紙12章1節で、パウロはこの課題を取り上げ、「あなたがたのからだを、神に喜ばれる、聖なる生きたささげ物［著者が引用した英語訳では sacrifices ＝いけにえ］として献げなさい。それこそ、あなたがたにふさわしい礼拝です」と促しています。生きたいけにえというイメージは、生きた羊やヤギが置かれた祭壇を思い起こすような強烈なものです。どのような動物でも、生きていたら祭壇から飛び降りようとするでしょう。同じように、私たちも人生のさまざまな領域で主権の座を奪い返そうとする誘惑に駆られます。そのため、イエスが本当に中心におられることを確認するために、自分の生活やライフスタイルを監視し続けなければなりません。

**神の国のための祈り（P）**

主の祈りは、これまでに作詞された祈りの中で最もよく知られていますが、私たちはその根本的なメッセージを見逃してしまいがちです。イエスは私たちに「みこころが天で行われるように、地でも行われますように」と祈るようにと教えています（マタイ6・10）。

神の国の支配がはるか彼方の天国や遠い未来だけでなく、今まさにこの地上にあることを願うように勧められています。本書の5章では、神の国は「今ここにある」と同時に「まだ来ていない」ことを見てきました。それは物理的な国ではなく、神の完全な支配による回復された調和が、現在の現実に入り込み、天国の経験をさせるのです。これには、私たちの実践的な働きと熱心な祈りの両方が必要となります。

時にクリスチャンは、次のどちらか一方の考え方を持ちがちです——政治や社会を変えることで神の王国をもたらすことができる。もしくは、神だけが物事を変えられるので私たちにできることは祈ることのみだ。前者は、最も癒やしを必要としているのは私たちと神との関係性であり、祈りなしには真の変化は見られないということを忘れてしまっています。後者は、イエスが言葉だけでなく行動で示す人であり、何時間も祈りに費やし、良い知らせを宣べ伝え、力強い奇跡で神の国を示したことを忘れてしまっています。

私の経験上、環境保護活動に熱心なクリスチャンの多くが、祈ることをせず、行動のみに力を入れるという罠に陥っています。神との祈りの関係性に根ざしていなかったために、霊的な渇きという岩に座礁してしまったクリスチャン活動家による運動を知っています。祈りは礼拝の活力源です。生きた血液が供給されない身体が死んでしまうように、祈りのない礼拝もまた同じような結果をもたらします。

あなたは地球について祈っていますか？　イギリス中の何百という教会でもたれている祈りに耳を傾けていると、しばしば礼拝のテーマが被造物であるにもかかわらず、祈りの焦点が人間だけに当てられていることに大変驚きを感じています。もちろん人々のために祈ることは正しいのですが、同時に神の世界のために、そして神の国がこの地上に確立するために祈ることも正しいのです。ほとんどの教会が礼拝で病人のための祈りをささげるように、礼拝のたびに被造物のために祈るべきです。

氷冠が溶ける写真や、森が消える写真、埋立地が膨れ上がったり、海が汚染されたり、野生生物が死に絶えようとしている写真を見るとき、私たちは祈りたいという思いに駆り立てられるはずです。被造物のうめき声に対して神の御霊とともに涙し、神の憐れみを懇願すべきなのです。私がある教会の祈りの時間に参加したとき、誤解と否定の幕が取り払われ、神がこの世界について、そして私たちのライフスタイルがこの世界に及ぼしている影響について、どのように感じておられるかを示されました。それは私たちの存在の真髄に迫るものであり、人生を変える最も力強い体験でした。神が被造物についてどのように感じておられるかを理解し始めるとき、それは心、精神、意志を変える原動力となります。そして変容した世界へと導いてくれるのです。

本書の第五章で見たように、クリスチャンは神の国の支配が再び被造物全体に確立される時が来るという、希望に満ちた未来のビジョンを持っています。祈りの生活の中で、私たちは変容した世界のビジョンと、現在の状況に対する苦悩とを結びつけることができます。そうして初めて、神の国が訪れ、御心が天で行われるように、地でも行われるように祈り、働くように変えられた人々となるのです。

〔質問〕

1　WORSHIPのアウトラインを使って、教会の礼拝や交わりにおいて、どの分野に最も注意を払う必要があるかを考えてみてください。

2　買い物やライフスタイルの選択など、生活全体を礼拝として捉えていますか？　日常生活の中でイエスを礼拝するのに役立つ実践的な方法はありますか？

3　地球のために祈っていますか？　地元や国際的な環境問題であなたが関心を持ったり、心配していることをいくつか思い浮かべ、祈りの中で神のもとに差し出しましょう。もしあなたやあなたの教会が祈りのパターンを持っているなら、被造物全体のための祈りを定期的に取り入れてみてください。

# 第八章　実践しよう
## ——ライフスタイルにおける被造物ケア

イエスやイエスより前の預言者たちは、偽善を嫌っていました。イエスは自分たちが教えている基準と一致しない生き方をする宗教家を、白く塗られた墓に例えています。墓は外見はスマートですが、腐敗した死で満ちています。今日メディアは偽善を嫌い、権力者や有名人による矛盾した行いを非難することを何よりも好んでいます。キリスト教信仰を拒む人々を対象にした調査では、彼らが最も不快に感じることの一つは、クリスチャンの偽善に見えるような行為だと報告されています。インドの有名な詩人で劇作家のラビンドラナート・タゴールは、イエスに深い憧れを抱いていたにもかかわらず、なぜキリスト教徒にならなかったのかと尋ねられたとき、このように答えています。「クリスチャンの生き方からイエス・キリストが見られるそのとき、私たちヒンズー教徒は、鳩が餌場に群がるように、あなたが信じるキリストに群がるでしょう。[32]」

今日、世界中の多くの人々は、キリスト教は西洋の消費文化と密接に結びついていると感じています。世界のキリスト教徒の大半は実はアジア、アフリカ、南米に住んでいますが、「キリスト教国」であるヨーロッパと北米が最も発言力や権力をもっています。（私自身も含め）多くのクリスチャンは、ヨーロッパと北米は多くの点でもはやキリスト教国ではなく、深く世俗的な国だと言いたいのですが、一つの疑問が私を悩ませ続けています。

もし誰かが欧米のどこかの国の道端でクリスチャンを見つけようとしたら、簡単に見つけられるでしょうか？　日曜日に教会に行く人を数えるのは別として、クリスチャンのライフスタイルは、隣人たちの世俗的な物質主義的なライフスタイルとどれほど違って見えるのでしょうか？　運転する車（キリスト教に関するバンパーステッカーを付けているだけでなく）、買い物かごの中身、埋め立て地に出すゴミの量でクリスチャンを見分けられるのでしょうか？　もしこの地球は神のものであり、私たちのものではないと心から信じるなら、クリスチャンのライフスタイルは多くの隣人とは根本的に異なるはずです。

もし私たちが、心と思いと力と知性を尽くして神を礼拝し、隣人を自分のように愛する（ルカ10・27）のであれば、ライフスタイルを根本的に変える必要があります。現在の平均的な英国人は地球の資源を大量に消費しており、もし世界中の人々が同じように暮らそうと思えば、地球三個分以上の資源が必要です。これは世界の貧しい人々のための正義の問題であると同時に、礼拝の問題でもあります。この過剰な消費主義は、実際には貪欲な偶像崇拝であり、「霊的コレステロール」なのです。

読み心地が悪いことを伝えているのは重々承知しています。ライフスタイルを変えることは最も難しいことの一つです。仕事や住宅ローンに縛られ、子どもや親を扶養している私たちのほとんどは、一夜ですべてを変えることはできません。人生これからの学生や独身の人たちや仕事を引退して健康な人たちは、おそらく最も早く大きな変化を起こすことができるでしょう。戦後の苦難の中で育ち、常に質素に暮らしてきた世代は、ほとんど何も変える必要がないかもしれません。しかし、より時間がかかり、困難だと感じる人もいるでしょう。私たちは皆、自分のライフスタイルや、それが貧しい人々や地球に与える影響を完全かつ根本的に、そして正直に見つめ直し、そのうえで神に何から変えていくべきかを指摘してもらいましょう。

私の家族の場合、これは残りの人生もずっと続いていくゆっくりとした過程です。私の家族が「英国で最も環境に優しい家族賞」を受賞したり、皆の手本になるふりをしたいわけではありません。私たちは単に信仰を実践しようと試み、問題をより深く認識するにつれ、変化を起こすことに努めました。家族として共同で話し合いと決断のプロセスを持ち、子どもたちも、しっかり活躍してくれました。時には早く先に進もうとしたり、時にはお気に入りの贅沢を渋々と諦めたりしましたが。

二〇〇一年以来、私たちはクリスチャンの環境慈善団体「ア・ロシャ[33]」とともに活動し、被造物ケアを通して聖書に忠実であろうとするクリスチャンの世界的ネットワークの一員となりました。私たちは、他にも多くの人がライフスタイルを変えるために努め、どこに住んでいてもア・ロシャの価値観を反映できるような、聖書に基づいたライフスタイルを求めていることを知りました。このことから、私たちは「Living Lightly 24・1」というプロジェクトを立ち上げ、[34] ライフスタイルが毎日地球に与える影響を和らげようとしています。また「24・1」は、詩篇24篇1節「地とそこにあるすべては主のもの」を指しています。

**穏やかに生きる** Living Lightly

「Living Lightly 24・1」には三つの核となる要素があります。それはコミットメント、チャレンジ、コミュニティです。

**24・1コミットメント**　地球とそこにあるすべては主のものです。この神の世界は、私たちの責任ある使い方とケアに委ねられており、持続可能な生活はクリスチャンの礼拝と使命の一部であると信じます。

- 被造物の素晴らしさを喜び、神を礼拝します。

- 聖書の教えに照らして信仰、態度、ライフスタイルを再考し、必要であれば悔い改めます。
- たとえ文化にそぐわないことであっても、聖書の教えに従います。
- 正義と礼拝のために、資源を穏やかに使いながら生活します。
  できる限りア・ロシャを支援します。

**24・1チャレンジ**　神の世界で穏やかに生きます。

- 自分の価値観、選択、ライフスタイルの決断を吟味し、変えます。
- 三か月に一度、穏やかに生きるための新たな実践的な一歩を可能な限り踏み出します。
- この素晴らしく非常に壊れやすい世界で、重く［負荷をかけること］なく、穏やかに生き、
  神の安息日をすべての被造物のために守ります。

**24・1コミュニティ**　神の世界をともに思いやります。神、地域社会、自分が置かれた場所、そして被造物の家族と新たに結ばれます。

- 自由と個人の自立を宣言する社会の中で、神が私をコミュニティに属するように創造され

たことを認識します。

- ア・ロシャの実践的なコミュニティに参加します。
- イエス・キリストに従う者として、持続可能な生き方を体現するために、他の人々にもともに参加するように求めます。

### 行動する前に信じ、所属する

現在、実践的なライフスタイルのヒントとなる本やキャンペーン、ウェブサイトは数多くあります。「Lightly Living 24・1」のアプローチは、行動だけではない点で異なります。異なる行動は、異なる信念と異なる所属に挟まれています。この三つすべてが不可欠です。

本書の大切な部分である「異なって信じる（Believing differently）」とは、「なぜ？」という視点を深く持つことです。なぜライフスタイルを変えなければならないのか？　なぜ地球を大切にしなければならないのか？　自分の利益以上の理由があるのか？　ライフスタイルの変化は、神との関係性から生じていなければ、これは単に新しい種類の律法主義的な宗教になる危険性があります。私たちが穏やかに生きるのは、義務や恐れ、罪悪感からではなく、愛からでなければいけません。隣人への愛、同胞である生き物への愛、未来の世代への愛、そして最も深いレベルでは神への愛です。そうしなければ、隣人より自分のほうが優れていると思い込むために二酸化炭素排出量を減らすような、独りよがりな愚か者になってしまいます。

この世界は神のものという信仰をクリスチャンのライフスタイルに反映できない偽善者から、自分が周りの人たちよりも優れていると考える別の種類の偽善者に変わってしまうことはとても危険です。「汝より聖なる者」より「汝よりグリーン」。イエスは、当時最も倫理的で道徳的に正しいと言われていたパリサイ派の人々に対して、最も厳しい言葉を残しています。なぜなら、彼らは自分たちが他の誰よりも道徳的に優れていると思っていたからです。今日、「エコ・パリサイ派」になってしまう危険性を避ける最も安全な方法は、シンプルで謙虚に、子どものような信頼関係を持って、イエスにより頼むことです。

異なって所属することも非常に重要です。孤独の中でライフスタイルを根本的に変えることはほぼ不可能でしょう。たとえ小さなグループであっても同じ旅路を歩む仲間が必要です。誰もが自分を励まし、進捗を共有する人を必要としています。穏やかに生きるとは、シェアすることでもあります。持っているものをシェアしたり、交換することで、誰もがヘッジトリマーやワッフルメーカーを所有しなくても良いと気づくのです。いま流行の一人暮らしは、社会的にはともかく、環境的に非常に悪影響です。二酸化炭素排出量を削減する最も簡単な方法は、家をシェアして、暖房、調理、移動、照明、消費財を複数の人と共有することです。

異なって所属することは、より深い点でも重要です。分断され、根を失い、崩壊しつつある世界において、私たちが必要としているのは、お互いに、そして地域にコミットする人々です。地域から異なる生き方のビジョンを生み出し、魅力的に広めて、変革をもたらす人々です。

環境問題の闇が広がる中、地域教会が光の焦点になれる時代を思い描けますか？　環境の持続可能性と、神の世界で明るく楽しく生きることの両方を模範とするライフスタイルを築くことが私の夢です。神、人間、被造物との調和のとれた関係性は、私たちの社会全体を変革する鍵になるかもしれません。消費主義や逃避主義がもたらす空虚な報酬に、人々はますます幻滅していきます。何百万人もの人々が、自然とつながり、環境危機を理解し、テクノロジーの恩恵を慎重かつ賢く利用し、霊的な現実を探求し、傷ついた人々を大切にし、癒やしと関係性の変革のチャンスを与える、より確かな生き方を求めています。

ア・ロシャの中に、その小さなヒントがあるようです。霊的な旅路にいる人々がしばしばア・ロシャの実践的な環境活動を展開しているセンターを訪れ、キリスト教には確かにできることがあると知り、驚いています。今日のキリスト教徒が、関係性を保ちながら持続的に生きる共同体の力を再発見するとき、私たちは、イエスに何も期待していないと考えながらも、イエスが本当に与えてくださるものに対して、かつてないほど飢えている社会と再びつながるための鍵を見つけているかもしれません。

**異なる行動をする**

実践に関して、「Living Lightly 24・1」は、ライフスタイルの十五の異なる側面を中心に構成されています。

- **アクション**　人間であれ、人間以外であれ、貧しく声なき者のためにキャンペーンを行う。
- **教会**　礼拝の場とそこに集う人々を変容させる。
- **食**　地元の産物を、感謝して、倫理的に、シンプルに楽しく食べる。
- **友人**　人間関係を通じて価値観を分かち合う。
- **庭**　実践的な方法で被造物に働きかけることで、私たちの信仰を地に付ける。
- **家**　持続可能でエネルギー効率に優れ、コミュニティを形成する居場所。
- **余暇**　休息し、ただその場にいることで、神の世界に与えられたものを尊重する。
- **お金**　支出、貯蓄、態度を通して神の国に投資する。
- **自然**　被造物を楽しみ、学び、大切にしながら、自身の居場所を再発見する。
- **風変わりなこと**　おかしなアイデアは、しばしば明日の行動のヒントとなることを覚える。
- **季節**　祭り、食べ物、楽しみを通して、神の創造のリズムを学び直す。
- **買い物**　長持ちするものに価値を見出して購入する。
- **旅行**　高速で移動する必要性を疑い、自らが用いる交通手段が与える影響を考える。

- **廃棄物**　「3R（リデュース、リユース、リサイクル）」に加えてリフューズも。
- **仕事**　職場で持続可能な価値観を共有する。

ここでは一つひとつについて詳しく触れる余裕はありません。そうすれば、あなたを落ち込ませるかもしれません。むしろ「Living Lightly 24・1」の実践的な経験から役に立ったこと、私たちの旅路を形成してきたことを分かち合ってください。

## 一度に一歩ずつ

自分のライフスタイルを見直すときに危険なのは、変える必要があるものがたくさんあることにすぐに気づき、がっかりしてしまうことです。こうなると、始める前からあきらめたくなる誘惑に駆られます。物事を真剣に考え始めたとき、登ることが不可能な山が待ち構えているように思えます。自分の生活の基盤に立ち返って、一からやり直す必要があるように思えるのです。それでも私は仕事に行き、家族を養い、服を着せ、場所の移動を行い、ますます疎外感を感じる社会の中で生きていかなければなりません。

私がすべきことは、一度にすべてに手を付けるのではなく、神に立ち返り、「何から始めるべきですか？」と尋ねることだと理解したとき、本当に解放された気持ちになりました。私は妻と一緒に、神が私たちに始めてほしいと思っていることを一つ尋ねました。その答えは少し意外でした。なんとそれは「おむつ」だったのです。妻が第一子を妊娠中だったとき、私たちは生分解されないおむつが埋立地を埋め尽くしているという恐ろしい統計を見ました。

妻がインターネットで調べたところ、防水カバーの付いた、洗濯可能な布おむつがあることを知りました。購入するのに数百ポンドかかりましたが、長持ちしたので結果的にかなり節約になりました。そのおむつは、私の子どもたちに順番に受け継がれただけでなく、その間に他の人たちも借りてくれました。毎週袋いっぱいのおむつを捨てずに済んだことも助かりました。私たちは、生分解性の使い捨てライナーを使ったので、おむつはあまり汚れませんでした。洗濯するときは重炭酸ソーダで浸し、洗濯機で低温で洗い、可能な限り屋外で干しました。イギリスの冬の灰色の冷たい空気でも、一、二時間太陽の下にさらすと汚れが落ちそうにないおむつも白く輝きました。

洗濯と乾燥が大気中に余分な二酸化炭素を放出する可能性があるため、おむつを洗濯することが本当に「エコフレンドリー」なのかどうか疑問に思う人もいました。しかし、最新の研究では、適切な温度で洗濯し、可能な限り乾燥機を使わずに乾燥させ、複数の子ど

もが使用することで、洗濯可能なおむつは他の使い捨ておむつよりもはるかに環境に優しいことがわかっています。[35] 問題はCO2だけではありません。リサイクルされないゴミの山は、それ自体が大きな環境問題です。英国では毎年三十億枚の紙おむつが使用され、その九〇パーセントが埋立地に埋められています。

皆さんのお察しのとおり、布おむつを使用することは使い捨ておむつを使うよりも大変な作業でした。しかし、利点を考えてみてください。私たちはお金を節約し、廃棄物をはるかに少なくし、他の人にもなぜこの選択をしたのかという理由を共有できました。実は最新の洗濯機を使えば、布おむつの処理にはそれほど時間を要しません。最も重要なことに、この決断は私たちの考え方を変え、現在も続いているライフスタイルの旅路を始めるきっかけとなりました。

あなたにとって、きっかけはおむつではないかもしれません。しかし、あなたの人生の中で、変化を始める必要がある分野をひとつ、神に指し示してもらうのはどうでしょうか？　この旅路がどこへ導いてくれるのか、きっとあなたも驚くでしょう。

## あなたは何を食べるか

食べ物はなんて素晴らしいのでしょう。私は食べることが大好きです。問題は西洋の人々が食べることを愛しすぎていることです。英国では食料の約三〇パーセントが廃棄されています。小児肥満の問題は深刻化していますが、世界では何百万人もの人々が飢えています。シンプルに生きるというテーマが難しいように、「食」は広大で途方に暮れてしまうようなテーマです。産地（フードマイレージ、フェアトレード）、生産方法（オーガニックか否か、添加物や加工、除草剤や肥料の使用）、動物の飼育環境、食物が私たちの手元に届くまでの道のり（包装、空輸、陸送）、そして私たちが実際に食べているもののバランス（健康や季節の旬）などが問題となっています。

私の家族はとても小さなことから始めました。庭でハーブを育てて（私たち夫婦はこの時点でどちらもガーデニングの経験はありませんでした）、サラダにチャイブやミントを加えて味わうようになりました。妻はさらに野菜を栽培することにして、子どもたちにも手伝ってもらい、トマトやニンジンを植え始めました。手作りの野菜は、フードマイレージもなく、オーガニックで旬のもので、今まで味わったことのないほど美味しく感じました。妻は市民農園を始める大きな一歩を踏み出し、インターネットで調べたり、友人たちからのたくさんのアドバイスを得て、カボチャ、芽キャベツ、豆、サラダの葉、ラズベリーやイチゴを栽培して家族で食べるようになりました。野菜の栽培には多くの時間を要し、きつい肉体的な仕事でしたが、おいしい食べ物を得るだけでなく、家族内外の関係性を深めるという点で大きなやりがいがありました。

同時に、私たちは食べるもののバランスに目を向けるようになり、今まで我が家では肉をたくさん食べていたり、それがどこから来ていたのかよく考えていなかったことに気づきました。私は動物福祉について聖書で学び、衝撃を受けたことがあります。動物は天地創造において「非常に良いもの」として祝福され、ノアの時代には神の救いの契約に含まれていました。旧約聖書における動物は、特別に虐待から守られていました[36]。箴言12章10節にはこのように書かれています。「正しい人は、自分の家畜のいのちを知っている。悪しき者は、そのあわれみさえ残忍である。」私は神が動物福祉をとても大切にしておられ、動物を粗末に扱うことが神との関係性を反映するのであれば、自分の食習慣を変えなければならないと感じました。

　動物愛護と食肉産業に関する情報を耳にしてはいましたが、調べてみるとショッキングな問題が見えてきました。特に鶏や豚の多くは非人道的な環境で飼育されており、狭いスペースに詰め込まれ、過剰な量の餌以外のすべてを奪われています。ヨーロッパと北米の食欲を満たすための牛の放牧は、アマゾンの熱帯雨林を破壊する大きな原因となっています。牛肉一ポンドを生産するために熱帯雨林二百平方フィートを要すると推定されています[37]。さらに、多くの牛肉や羊肉は地球の裏側から運ばれているので、二酸化炭素の排出を増やしてい

ます。

私たちは何をすべきなのでしょうか？　私の娘の一人は完全にベジタリアンになることを決めました。他の家族は食事に占める肉の割合を減らし、週に二日か三日だけ肉を食べることにしました。できるだけ地元の肉、特に鶏肉や豚肉は放し飼いかオーガニックのものだけを食べることにしました。その結果、ベジタリアンの娘は、家族の「ハッピー・ミート・ポリシー」に満足し、みんなで一緒に食事ができるようになりました。また、私たちはより健康的な食生活を送り、楽しんでいます。

もちろん、エシカル（倫理的）な食事は割高ですが、家族の人数が増え、収入が全国平均を大幅に下回っているにもかかわらず、私たちの家計に大きな影響を及ぼしていません。というのも、肉を食べる量を大幅に減らし、農産物の一部を栽培し始め、エシカル・フードの特売情報を常にチェックしているからです。

これまで述べてきたように、私たち家族の生き方は他の人たちの手本にはならないかもしれません。もっとできることがあるはずですし、私たちが踏み出した一歩に誰もが賛成してくれるわけでもありません。中には完全にベジタリアンになることを決める人もいるでしょう。けれども私たちがベジタリアンにならなかったのは、イエスはベジタリアンではなかったからです。さらには、倫理的な方法で食肉を生産しようとしている農家を支援することが重要だと考えました。自分で鶏や羊や豚を飼育できる人もいるかもしれません。また、動物が屠殺されるのを見る覚悟がない人は肉を食べるべきではないと言う人たちには、ますます共感しています。

食べ物の話を終える前に（言い残したことはたくさんありますが）、食べることを楽しむ大切さについて触れさせてください。食事は神の被造物を祝う時間であり、二十四時間レースの補給地点ではありません。世界中のどの文化の祭りにも食べ物が含まれていることは偶然ではありません。私たち家族はテレビ、電話、音楽プレーヤー、その他の気を散らすものを排除した「きちんとした」食事の時間を再開しました。実際に食卓を囲み、食事の前に神に感謝をささげ、互いに語り合います。

時には本当に特別な食事になることもあります。誕生日の朝食にクロワッサンと風船を添えたり、メキシコ料理、インド料理、レバノン料理など、各国をテーマにした夕食を作り、メニューカードやろうそくを添えて、きちんとドレスアップすることもあります。時には食べ物がどこから来たのかについて話し合い、その食べ物が育った畑やそれを育てた人々を想像し、食べ物を与え、私たちを支えてくれている神に感謝します。少なくとも週に二回は、あえて米とダール（スパイスを効かせたレンズ豆の煮込み）というシンプルな食事を取り入れています。それは、毎日こうした主食を食べる世界の多くの人々に共感するためです。

## 無駄にせず、欲しがらず！

食品と密接な関係にあるのが廃棄物です。というのも、廃棄物の大部分は食品とその包装に由来するからです。廃棄物に関する私たち家族の最初の取り組みは、一五〇ミリリットルに小分けされたヨーグルトの購入をやめたことでした。その代わりに五〇〇ミリリットルや一リットルの大きな容器のヨーグルトを買い、中身を家族で分け合って食べました。しばらくすると、もう一歩踏み込んでヨーグルトメーカーを手に入れました。消費期限の長い牛乳一リットルとスプーン一杯の生きたヨーグルト菌さえあれば、美味しい自家製ヨーグルトの完成です。好みの味付けをしたり、フルーツを加えたりすることもできます。繰り返しになりますが、小さな一歩が大切なのです。私たちは忙しかったり、ヨーグルトを作り忘れたときに市販のヨーグルトを買わないほど厳格ではありません。視野を広く持ち、ユーモアを忘れないことが大切です。

ゴミを出さないようにするために私がとった最も効果的な方法は、ゴミ箱にゴミを入れるたびに祈ることです。そうしながら、その製品を生み出してくれた天然資源について神に感謝し、自分が神の世界の良い管理人であったかどうかを振り返ります。多くの場合、私の祈りは罪の告白に至ります。自分の不注意な浪費を認めなければならないからです。私はこれを買う必要があったのだろうか？　この品物の包装は必要だったのだろうか？　などと自問自答します。時には、自分自身にというより、プラスチックで包装されていない商品を買うことが困難な社会に対して苛立つときもあります。そして人類が神の世界を我が物顔で扱ったことを、神に謝ります。

廃棄物を霊的な問題として捉えることで、私は物を買うプロセスの原点に立ち返るようになりました。現在は物を購入する前に、それが本当に必要かどうかを常に考えます。今日のショッピングは必要なものを手に入れるための手段ではなく、レジャーとして定着しています。人々は衣食住のためではなく、気分転換のために買い物をしています。しかし、私たちのすべての「物」は、現実世界を閉ざしたり、聞き心地の良くない神からの声を遮断する手段になりかねません。「Living Lightly 24・1」の活動では、会員になってくれた人全員にクレジットカードと同じ大きさのリマインダーカードを送っていました。それを財布に入れてもらうことで、何かを買おうとクレジットカードに手を伸ばすたびに、地球は主のものであり、私たちが消費するためだけにあるのではないことを思い出してもらっています。

新しいものを買わない（リフューズ）、買い物を減らす（リデュース）、買い換えるのではなく再利用する（リユース）、これらはすべて良いステップではあります。ではリサイクルはどうでしょうか。数年前まで私たち家族は何もリサイクルしておらず、毎週ゴミ捨て場に大きな黒いゴミ袋を三つ、四つ出していました。現在は家族の人数が増えましたが、毎週一つのゴミ袋で足りており、それを満杯にして出すことはほとんどありません。繰り返しますが、この変化は一気に起こったことではありません。私たちは瓶や缶のリサイクルから始めたのですが、その当時は戸口収集がなく、スーパーマーケットの駐車場まですべて運ばないといけませんでした。現在ではEUによる罰金という脅しの下、地方自治体がサービスを充実させるにつれ、英国のほとんどの地域でリサイクルがとても簡単になりました。我が家では台所にゴミ箱がいくつかあり、裏口のすぐ外には堆肥用と生ゴミ用の二つのゴミ箱があります。子どもたちの部屋にも紙ゴミとその他のゴミ用のゴミ箱があります。子どもたちは、小さいうちにこうしたことを学んでいます。これらは難しいことではありません！

## 倫理的に旅行する

旅は自由をもたらしますが、同時に私たちを奴隷にすることもできます。私たちは旅によって世界を見られる一方、自分が誰なのかを見失うかもしれません。高速道路が渋滞にあふれ、飛行機に乗っている時間よりも出発ロビーで待機する時間のほうが長くなった今、私たちは何かから逃げているのかを自問自答すべきです。多くの人にとって、短い距離の移動でも常に車を使う習慣を断ち切ることは良いスタートです。我が家は娘たちが通う小学校からほぼ一・六キロのところに位置しており、私たち夫婦は娘たちの送迎をほとんどいつも徒歩で行っています。その途中で、同じ学校に通うために車に乗り込む人たちとすれ違います。なかには一方通行のわき道を走るため、家から三百メートルしか離れていない学校に行くのに一・六キロ以上運転しないといけない人たちもいるのです。学校に着いても車を駐車する場所がないことが多いため、駐車スペースを見つけるために走り始めた道まで戻ることもあります。一体全体何が起こっているのでしょうか？　車での通学のほうが安全だと言う人もいますが、校門の外に二重、三重に駐車された車と、その間を避けながら歩き、エンジンがかかった車に座っている親たちが出す排気ガスを吸っている子どもたちを見ると、彼らは一体どんな惑星にいるのかと思います。少なくとも神が私たちを住まわせた星ではないことは確かです。

もちろん、学校送迎だけではありません。二年前に私は長い間中断していたサイクリングを再開しました。体力がついたり、地域社会の様子が見られたり、様々な利点を楽しんでいます。ロンドンでは自転車のほうが車を使うよりもたいてい早く目的地に到着できます。健康状態や立地条件によって自転車での移動が現実的でない場合もあるかもしれません。その場合は公共交通機

関にはどういった選択肢があるかを確認してみても良いでしょう。大都市であれば、公共交通機関はかなり頻繁に運行されており、少なくとも渋滞道路の運転と同じくらいの所用時間にはなるでしょう。長距離を移動する場合、列車の旅は一般的にメディアが伝えているよりもずっと良いものです。少なくとも一週間前にチケットを予約すれば、驚くほど安くなることもあります。私は長女を連れて二月にスコットランドで冬のウォーキングを数日間したことがあります。その際にロンドンからインヴァネスまでの夜行寝台列車を片道十九ポンドで購入できました。

飛行機による旅は、移動に伴う排出物が最大の問題だと広く知られています。飛行機は、特に離着陸時に大量の二酸化炭素を発生させるだけでなく、他の気候変動に影響を与えるガスも放出しています。ロンドンからニューヨークまでの往復のフライトは、一般的な自動車の一年間の平均走行距離に相当する気候への影響を与えると推定されています。[38] 短距離のフライトは比例して環境的に最も悪いため、ア・ロシャを含め、多くの組織がイギリスの国内線を利用しない方針にしています。やむを得ない場合、そしてメリットがコストを上回る場合には、ア・ロシャでは飛行機を利用しています。この点は苦慮していますが、すべての旅行をオフセット［他の活動環境負荷を埋め合わせ］しています。[39]

私たち家族は、航空燃料の税金がかからないため安く設定されたヨーロッパの航空券を利用せず、主にイギリス国内で休暇を過ごすことにしています。オーストリアで開催される会議で講演を依頼され、家族も招待されたとき、私たちは最適な移動方法をめぐって悩みました。飛行機は比較的安いですが、環境的には良くありません。一方、クリスマス直後の電車の値段は手が出ないほど高く、しかも驚いたことに、私のディーゼル車で全行程を運転するよりはいくらかましなだけでした。そこで、車で移動することを決めて、クリスマスの日に出発し、片道二日間かけてオーストリアに向かいました。子どもたちは、四十八時間車中に閉じこもった経験をこれまでで最高の休暇の一つだと評価しました！　彼らはフランス、ベルギー、ルクセンブルク、ドイツ、オーストリアといった国の一部を見学できました。言語、食べ物、音楽、歴史など、訪れた場所の小話を交えながら、興味深い旅行になるよう最善を尽くしました。もし私たちが飛行機に乗っていたら、彼らはヨーロッパという概念を知ることもなく、通り過ぎた国の距離や文化について知る由はありませんでした。ただロンドンからオーストリアへ、何のつながりもなく直行しただけです。

簡単に旅行ができる最大の問題は、場所と距離の感覚が失われることでしょう。神の世界で穏やかに生きるということは、私たちがどのように旅をしているのかを考えたり、また、旅自体を減らす場合もあります。それは、根を下ろし、神が私たちを植えてくださった場所を知ることを意味します。

## 私たちが帰る家

私たちが住む家と、そこで消費されるエネルギーは、地球温暖化への最大の貢献であり、エコロジカル・フットプリント［訳注6］全体の約四〇パーセントを占めています。現在では、政府の公式ウェブサイトを含む数多くの媒体から[40]、自分の家について調べたり、二酸化炭素排出量を計算したり、改善方法のアドバイスを知ることができます。これはとても実用的です。例えば、私たち家族が環境のためにできる最大の一歩は、家全体の断熱性を高めることだと気づかせてくれました。これはソーラーパネルや新しいボイラーや風力発電機を設置するよりも、はるかに安くて簡単です。断熱性はあまり注目されませんが、家の二酸化炭素排出量を大幅に減らすことができます。

しかし、ほとんどのウェブサイトは、「私たちは自分の家に対してなぜそう思うのか」というもっと深い問題を解決するための手助けはしてくれません。家は私たちの価値観や個性を表します。どの部屋が一番重要か、整理整頓にこだわるか、家具がどれくらいあるか、などです。本当にチャレンジしたい人は次のことを試してみましょう。家の中と外を歩き回り、家の構造や調度品も見回してみてください。そして祈りながら、アフリカのクリスチャンを連れて来たイエスなら、個々の場所をどう評価するか考えてみましょう。これはショッキングな提案だと思います。なぜなら、私たちの家はしばしば現実世界に対する最後の砦だからです。私たちの家は、物事がどうあるべきか自分なりの解釈を作って押し込める、孤立した泡になりかねません。また、家はイエスが私たちの人生全体の主となってくださる最後の場所です。しかし、私たちの家とその中身について神に優しく挑戦してもらってはいかがでしょうか。この解放的な提案はあなたに余計な罪悪感を負わせるのではなく、むしろ物質主義が強いる心配や気遣いの重荷を取り除く手助けをします。隣人に歩調を合わせる必要はありません。広告で目にする最新の機器をすべて買う必要もありません。ファッションの奴隷になる必要もありません。私たちは自由に、神の世界で楽しくシンプルに生きることができるのです。

### シンプルな生き方を喜ぶ

「シンプルさ」とは外面的だけでなく、内面的な価値観を表します。物理的なものだけでなく、精神的な混乱を取り除くことです。これは簡単ではないでしょう。今日の生活は穴の空いたボートのようです。空っぽにしてもすぐに水で満杯になってしまいます。しかし、私たち家族は、ごく単純なステップがより遠大な意味合いを持ち始めていると気づきました。今年のイースターを迎えるにあたって、私たちはグッドフライデーからイースターの日曜日まで、電気もガスも使わずに生活してみようと決めました。約六十時間、いつもの快適さをすべて失いました。世界を変えるような壮大な決断ではありませんでしたが、私たちには大きな影響を与えました。すべての照明と電化製品（冷凍庫を除く）を消し、暖房と温水も止めました。そして廃材と（持続可能な方法で調達した）炭を使い、野外で直接火を使って調理をすることにしました。ガスや電子レンジを使うよりもエネルギー効率を低く抑えましたが、この生活は単なる脱炭素だけではなく、ライフスタイルに対する考え方を変えました。下の子たちは暗くなるとすぐに寝て、上の子たちとキャンドルの明かりの中で本を読んだりおしゃべりを楽しみました。テレビも音楽もメールもコンピューターゲームもありません。

朝には目覚まし時計も鳴りません。妻は早朝にお茶を飲むことが好きですが、魔法瓶にお湯を入れておくことまで考えていませんでした。そのため服を着替えて外に出て火をおこし、お湯が沸くのを待ちました。週末の食事は、友人や通りすがりの人たちがふらりとやってきて、簡単な野菜のシチューや焼いたマシュマロを一緒に食べる共同イベントのようになりました。もちろん大変なこともありました。すべてのことに時間がかかり、暖かい服を着なければなりませんでした。髭を剃ることや洗濯するのは大変な作業でした。しかし、それはイエスがグッドフライデーからイースターの日曜日までに経験した暗闇と沈黙を新たな形で私たち全員に考えさせ、イースターの喜びと光へと導いてくれました。また、日頃から電気のない生活を送り、薪を集めて料理をしたり、お湯を沸かしたりしている人たちの生活がどのようなものかを考えさせられました。私たちは二日半の間、シャワーも入浴もしませんでした。熱心な五歳の娘が翌年の四旬節にも同じことをしたいと教会員の前で宣言したときには、ちょっとぞっとしました。

もちろん私たちの経験は一時的なものであり、世界の多くの人々が我慢しなければならないことのほんの一部にすぎません。私たちには水道があり、水洗トイレもありました。食器棚にはインスタント食品や店で買った焼きたてのパンがあり、これは普段の生活のほんの一時的な中断にすぎないという認識もありました。しかし、私たちは現代のテクノロジーとその恩恵に感謝し、その使い方に注意するようになりました。本当に驚きだったのは「イースターの電化断食」が非常に楽しかったということです。シンプルに生きることを喜び、他の人たちへの話の種となり、子どもたちにとって大切な思い出となり、自分のことを行うだけでなく、みんなで協力する時間となりました。 私たちは家族や友人たちに、クリスマスプレゼントは買わなくても良いと伝えていて、自分たちで簡単なプレゼントを作りたいと思っていたことを思い出しました。クリスマスの商業化された華やかさと浅薄な物質主義にうんざりして、もっとシンプルで本質的なものを求めていたのです。プレゼント、特に親から子どもへのプレゼントは、愛情を買おうとしたり、前年よりも大きくて良いものを買ってほしいという広告業界への迎合にしかなりえません。石油由来のプラスチックでできたプレゼントの多くは、極東の工場で低賃金で働く労働者たちによって作られ、不必要でリサイクル不可能な大量の包装材で水増しされ、受け取ってから数日で壊れるか処分されます。なんということでしょう。私たち家族は、娘や息子たちと一緒に手作りのカードを作り、夜は手作りのオーガニック・チョコレートファッジを作りました。費やしたのは時間だけで、テレビを消して家族で作業を行ったのは二、三日の晩だけでした。

シンプルさとは、何よりもまず心の状態であり、それがライフスタイルに表れるのです。それは産業革命以前の暮らしが理想だという神話に時計の針を戻すことではありません。むしろ、本当に重要なことに集中し、森を見るために木を見るのです。聖書のことばに言い換えると、神の国と神の義を第一に求め、財産、食べ物、お金、衣服といったすべてのものは求めるなら、加えて与えられるのです（マタイ6・33）。そして、関係性が、仕事、締切、物質的なものよりも、常に重要であることを理解しましょう。実践的には、一週間車を使わずに歩く、電化製品の電源を切る、テレビやメールを短い時間でもやめるなど、小さくても根本的な一歩から始めることができます。

家族と一緒にシンプルなライフスタイルを築こうとする中で、私が見出し続けているのは、物を手放すことの喜びです。被造物や貧しい人々に配慮するライフスタイルは、罪悪感や義務感から脱却し、喜びある鍛錬となりました。私たちの社会は、資源集約的で消費者主導であり、貪欲なライフスタイルへと引き戻し続けているのでそれが鍛錬となっています。この一歩は自由になることでもあります。競争文化の配慮やストレスから解放され、他者や被造物、そして神に頼ることをますます意識するようになります。

〔質問〕

1 「一歩ずつ」という表現が何度か出てきました。あなたのライフスタイルを変えるための次の実践的な一歩は何ですか？

2 この章は「行動、信念、所属」について述べています。行動と信念は本書や他の多くの場所で扱われていますが、「所属」についてはどう考えますか？ あなたの知り合いで、穏やかに生きることを一緒に実践してくれる仲間はいますか？

3 五年後のライフスタイルはどうなっていてほしいですか？ 神を敬い、貧しい人々への正義と被造物を大切にすることを含む持続可能なビジョンはありますか？

# 第九章　実践しよう――宣教における被造物ケア

第一章ではよく聞かれる次の質問を記しました。「地球のことを心配するよりも、伝道に集中すべきではないでしょうか。」これはとても良い質問であり、私も真剣に受け止めています。私はイエス・キリストの文字どおり「良い知らせ」である福音に情熱を注ぎ、適切な方法で出会うすべての人にイエスを伝えることに力を入れています。イエスによってのみ、自分自身やこの世界のために希望を持てることを信じています。

## 大宣教命令

伝道（イエスの救いの知らせを人々に伝えるという意味での）だけが神の関心であり、イエスが私たちに行うように言われたという理解は、聖書の大きな歪曲でしょう。復活したイエスが弟子たちを世に送り出したとき、イエスは「大宣教命令」と呼ばれるものを発せられました。この箇所の表現は四つの福音書で微妙に異なっていますが、マタイの福音書28章19～20節から引用されることが多いです。

ですから、あなたがたは行って、あらゆる国の人々を弟子としなさい。父、子、聖霊の名において彼らにバプテスマを授け、わたしがあなたがたに命じておいた、すべてのことを守るように教えなさい。

この有名なことばには、注意すべき重要な点がいくつかあります。第一に、このことばは「改宗者」ではなく「弟子」を作るようにという命令です。伝道とは、人々をイエスに導くことです。弟子訓練とは、イエスとの生涯をかけた旅路に人々を導くことです。改宗とは、「わたしがあなたがたに命じておいた、すべてのこと」を生涯にわたって学んでいく始まりにすぎないことを認識することです。弟子訓練とは、伝道と同様に、イエスが弟子たちに託され、現在の私たちも担っている使命なのです。「わたしがあなたがたに命じておいた、すべてのこと」には、正義と環境の問題も含まれます。

第二に、マタイの福音書28章とマルコの福音書に記されている大宣教命令とのバランスを考慮する必要があります。そうすることで私たちにより広い視野を与えてくれます。マルコの福音書16章15節でイエスは、「全世界に出て行き、すべての造られた者［著者が引用した英語訳では all creation＝すべての被造物」に福音を宣べ伝えなさい」と言っています。学者たちは、すべての最古の写本にはこの聖句が含まれていないと主張し、しばしばこの聖句を無視してきました。しかし、この聖句はたしかに神の霊感を受けた聖書に含まれており、その意味合いがあまりにも極端であるために無視されている可能性があります。神から与えられた私たちの大いなる使命には、人間だけでなく、神の被造物全体が含まれています。ヤギや庭に向けて説教する方法について冗談を言うこともできますが、そういうことではありません。これは言葉を用いた説教だけでなく、イエスのメッセージを私たちの人間関係や態度、ライフスタイルの中でどのように伝えるかという問題です。肉を好む生活を支えるために切り倒されている熱帯雨林にとって、良い知らせとは何でしょうか？　砂漠化が広がり、作物が育たない問題に直面している人々にとって、良い知らせとは何でしょうか？　神が愛を込めて造られたにもかかわらず、絶滅の危機に追いやられている生き物にとって、良い知らせとは何でしょうか？　汚染を引き起こす人間のライフスタイルによって軌道を外れてしまった世界の気候システムにとって、良い知らせとは何でしょうか？

私はこうしたすべての状況のための良い知らせがあると信じています。それはイエスのうちに見出される、十字架と復活の良い知らせです。神が愛によって造られた被造物を支え、新たにすることに全力を注いでおられるという良い知らせです。罪深く、貪欲で、汚染をもたらす人間が、内面的には神との関係性において、外面的には他者や地球との関係性において、変容されるという良い知らせです。これは、私たちの世界が切実に必要としている良い知らせであり、生態系の危機に瀕している現在の私たちの使命です。

第三に、新約聖書でイエスが私たちに与えた大いなる使命は、聖書の冒頭で神が私たちに与えた最初の大いなる使命と両立しないといけません。創世記1章で、神が人間に与えた最初のことばは、神のために被造物（魚や鳥をはじめとするすべての生きとし生けるもの）を支配し、世話をすることでした。これは言ってみれば、人間として生きる上での普遍的な仕事内容です。それは人間であることを意味します。「なぜ私たちはここにいるのか」という問いに対する究極の答えは、「神を礼拝し、神に仕えるため」でなければなりません。聖書が語る礼拝と奉仕の最初の要素は被造物のケアです。

私は決してマタイの福音書28章のイエスのことばや、伝道の呼びかけを軽視したいのではありません。しかしクリスチャンはしばしばこのことを強調しすぎるあまり、より広義な被造物に対する使命を無視してきました。伝道とは、「全教会が、全世界に、福音の全体をもたらすこと」と表現されています。[41] 全教会とは、例外なくすべてのクリスチャンが含まれています。福音の全体とは、霊的、肉体的、社会的、環境的などあらゆる側面に適用されるイエスの福音を意味します。全世界とは、国々にいる人々だけでなく、被造物全体が含まれています。被造物全体は、イエスによって、イエスのために造られ、イエスのうちに目的を見出し、イエスが成してくださったことのゆえに自由を楽しむことができるのです。

## 宣教の範囲

これまで多くのクリスチャンは、この世界は暴走列車のように制御不能であり、神から与えられた使命は滅びゆく地球から死にそうな人々を救い出すことだと考えてきました。イエスが与えた教会という脱出計画は、暴走列車が崖という破滅に向かって突進する中、車両の連結を解いて安全な方向に向かう客車のようです。つまり宣教とは、手遅れになる前に人々を正しい車両に乗せるための時間との戦いと考えられてきました。

しかし、聖書が根本的に言う神の使命は、これよりもはるかに大きく、はるかに胸が高まるものです。世界という列車、そしてそのすべての乗客は確かに破滅に向かって暴走しているのですが、希望はあります。神の救いの使命は一部の乗客のためではなく、列車そのものにあるのです。聖書のことばに戻ると、神が造り、愛し、気にかけ、イエスを通してご自分との関係性を取り戻されたのは、人間だけでなく被造物全体なのです。

人間としての私たちの使命は、言葉と行いの両方において、全被造物にイエスの福音を伝えることです。これは、自分のような人間を救うという使命だけではありません。創造された秩序全体に対する良い知らせという神の使命です。聖書における宣教は、私たちが考えている以上に広いのです。人間は、イエスが始められた新しい創造における宣教の主な担い手だとは思いますが、宣教の対象は人間だけではありません。宣教とは究極的には人間だけでなく、キリストにあって万物が再生されることです。福音による個人の変革は、今もこれからも福音の中心ですが、イエス・キリストの聖書の福音は、全被造物にとっての良い知らせなのです。

　こうした宣教の広い定義を理解するのに役立つ一つのモデルは、「宣教の五つのしるし」です。[42]

- 御国の福音を宣べ伝える。
- 新しい信者を教え、洗礼を授け、育てる。
- 愛に満ちた奉仕によって人間の必要に応える。
- 不公正な社会構造を変えようと努める。
- 被造物の統合を守り、地球を維持し、新しくするよう努める。

　最初の二つは、マタイ28章19〜20節にある「あらゆる国の人々を弟子とする」というイエスのことばの伝統的な理解を取り上げています。これらは宣教と弟子訓練の本質です。三つ目と四つ目は、世界の苦しみに対するクリスチャンの応答です。貧しい人々や社会から疎外された人々に対する使命、不正に挑戦し、それを変えていくことへの責任を示しています。五つ目は被造物に対するケア、つまり人間以外の被造物に対する使命です。

これらのうち一つか二つだけを強調するならば、私たちが示す福音は完全とは言い難いでしょう。たとえば伝道と弟子訓練だけが宣教のすべてだと理解されてきた場面がたくさんあります。教会は、イエスがもたらす罪の赦しを知り、聖書を学び、ともに祈り、礼拝するようになった人々で満たされているとします。しかし、彼らを取り巻く社会や環境は福音に触れていないかもしれません。民族的、社会的な分裂も存在しているかもしれません。人種差別、奴隷制度、カースト制度が容認されているかもしれません。富める者は貧しい者を搾取し、人々は利己的で軽率なやり方で環境を搾取しているかもしれません。キリスト教が全面的な変革をもたらす上で効果がない主な理由は、クリスチャンが宣教と福音の不完全なモデルを与えられてきたからです。時にはこれが恐ろしい悲劇を招くこともありました。偉大な霊的リバイバルの時代があっても民族間の憎しみや戦争さえも防ぐことができませんでした。なぜなら福音が「霊的な」事柄についてのみ説かれ、人々の互いの関係性に触れることができなかったからです。

環境面でも世界中で同じことを目にします。クリスチャンはしばしば地球の破壊を許容し、助長しているとさえ批判されました。私たちが霊的な変化や「別世界の天国」についての福音しか説いてこなかったとすれば、まっとうな批判です。イエスが私たちと神、人間同士、周囲の世界との関係性を変えることこそが福音のすべてなのです。

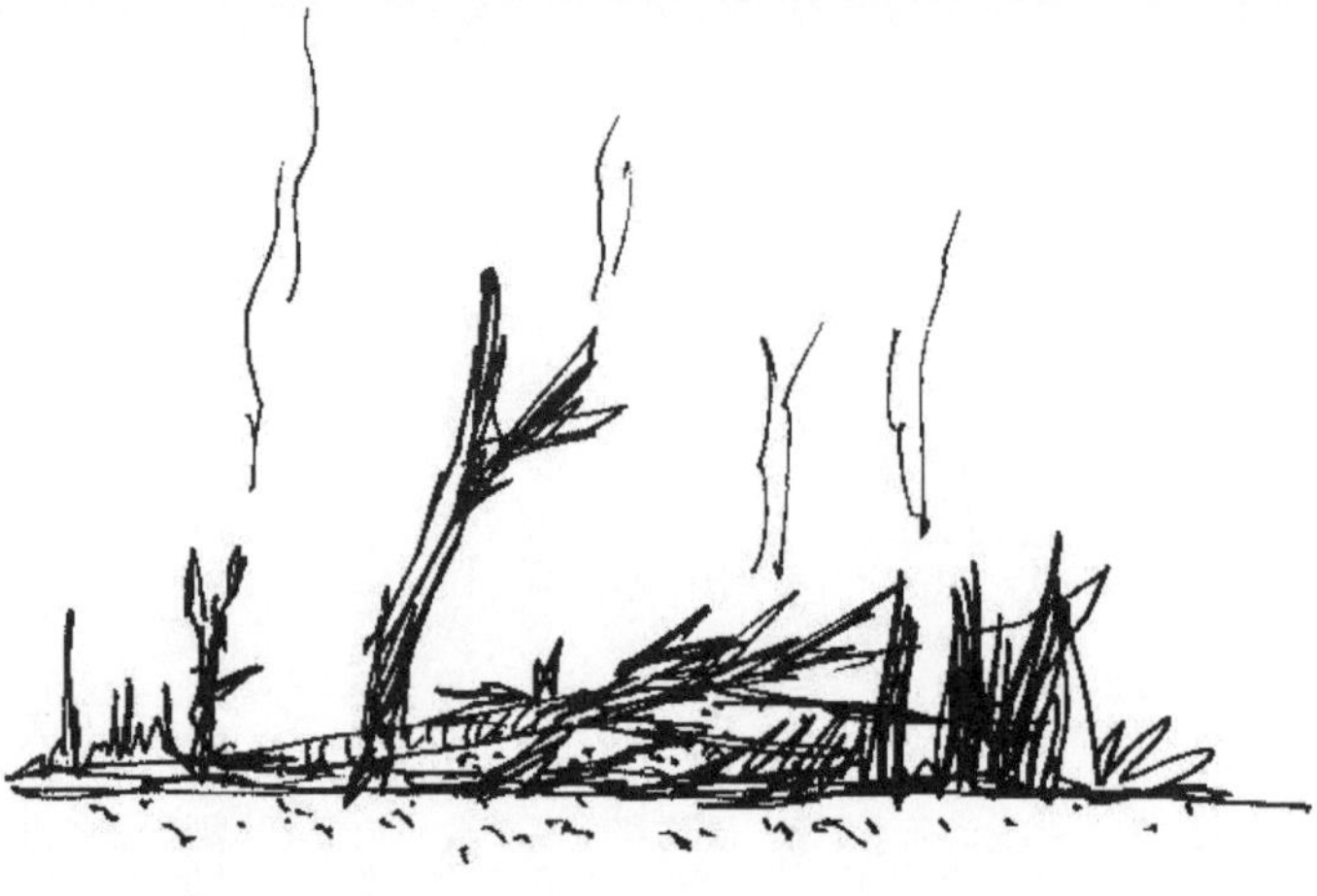

最近私はアフリカの都市の真ん中である看板を見かけました。その看板には「イエス・キリストは主である」と書かれていました。その国では七〇～八〇パーセントの人々が定期的に教会に通い、キリストに対する個人の熱意も高いと言われています。しかし、その看板の周りの景色に目を向けると、物質的な成功と経済の繁栄を指し示すきらびやかなガラスと鉄の高層ビルがそびえ立っていたのです。しかもその手前の町には、何千人もの人々が不潔な環境と貧困の中で暮らす掘っ立て小屋が並んでいます。近くの川はゴミと腐敗した動物と下水で詰まっており、道端には原生林を破壊して違法取引をしているような木炭売りが大勢いました。私は地元のキリスト教指導者たちと話をして、教会内外で、汚職とエイズという大きな問題が存在することを知りました。この国は、砂漠の侵食、森林の消滅、人口の爆発といった環境破壊に直面しています。疑問が蒸気機関車のように頭をよぎりました。この状況で「イエス・キリストは主である」と言うことは何を意味するのでしょうか？　良い知らせとは、天国を夢見て現実

から逃げることでしょうか？　いいえ。そうではありません。聖書がイエスについて述べていることを本当に信じるならば、イエスは繁栄する企業と苦しみもがいている貧しい人々、汚染された川や絶滅の危機に瀕する野生生物、エイズ患者や汚職に誘惑されている人々のための福音です。

感謝なことに、アフリカのこの地域ではこの素晴らしく変容する聖書のビジョンを捉えているキリスト教の指導者が増えています。クリスチャンたちはスラム街と関わり、汚職をする政治家たちに異議を唱え、持続可能な農業を実践し、環境破壊に疑問を投げかけています。こうしながらも、彼らは「霊的な」福音の重要性を見失っていません。彼らは罪の赦しを説き、熱意をもって神を礼拝し、情熱的な祈りによってその活動を支え続けています。まさに宣教のしるしがすべて見られており、真の変革をもたらしています。

## 特別な代理人

今日、世界中のクリスチャンたちが被造物が重要であるという使命をようやく再認識してきました。人々が聖書を見つめ直し、この地球に対する神の情熱を見出してきました。また、身の回りの環境危機を目の当たりにし、神の世界に対して私たちが行っていることを神がどう感じておられるかを問うようになりました。キリスト教がどのような希望を与えてくれるのかという友人の疑問に答えるようになりました。世界の不平等や物質的な繁栄の虚しい快楽に不満を感じる人が増えてきました。神の霊がイエスの御名によって被造物を大切にするようにと呼びかけていることを、自然と感じ取るようにもなってきました。

私は神が始めたこのムーブメントにささやかながら関わることができて、大きな祝福を受けています。神が造られたこの世界とその神の思いについて、私が神からの挑戦を受けてから[二〇〇八年の時点で]もう十五年以上になります。残念ながらその話までする余白がありません。しかし、そのことがきっかけとなり、私はア・ロシャという実践的な方法で被造物ケアに尽力する国際的なキリスト教自然保護団体と関わるようになりました。私が初めてア・ロシャに出会ったのは、ポルトガルの危機に瀕した河口を保護する小さなプロジェクトでした[43]。とても小さく、ちょっと風変わりなプロジェクトに思えました。これがどう宣教だと言えるのかと疑問にさえ思いました。しかし私は、そのプロジェクトを通して起こっていることや、そこで働く人々がとても特別だと気づき、そのことがきっかけで聖書に立ち返り、自分の信仰を完全に考え直させられました。聖書を読みながら最初に受けた召しは、神のために同胞である被造物をケアすることだと気づいたとき、私は大きな挑戦を受けました。クリスチャンが植物や軟体動物、鳥類の研究に何週間も何年も費やすことは、時間の無駄でも「本当の」使命から目をそらすことでもなく、神の世界における使命の一部であり、被造物を研究し、理解し、ケアするという神からの命令を果たすことなのだと理解するようになりました。私は、被造物のケアと人々のケアにつながりがあること、そしてこの二つが切っても切り離せないことを理解し始めました。

ア・ロシャの活動を見て、同じビジョンを抱いた人たちもいます。ポルトガルで始まった一つのプロジェクトは、この十五年間で二十か国近くのプロジェクトに拡大しました。これは巧みな事業計画や裕福な支援者によって実現したわけではありません。多くの場合その逆で、人々は自身の仕事をあきらめ、理解してくれない教会に対して懸命に説明し、活動のために自分たちで資金を調達しなければなりませんでした。それは神の霊が一見バラバラでランダムに人々に働きかけたようでした。たとえば次のような人たちに共通するものは何でしょうか？　シンガポールのメディアに携わる若いカップル、チェコ共和国のルター派の牧師、ペルーの生物学講師。彼らは皆、ア・ロシャに出会うまで自分たちだけが、イエスの名によって被造物をケアする使命に召されたクリスチャンだと思っていました。

世界中の様々な場所でのア・ロシャの働きを通して、私たちは被造物が本当に大切だという宣教の実践を常に学んでいます。私たちのプロジェクトは、人々と被造物に対する神の愛をともに示すことを目的としています。祈りや聖書の学び、信仰の語り合い、科学的調査や環境教育、そして持続可能なコミュニティを探求しながら生活を分かち合います。もしあなたがア・ロシャのプロジェクトを手伝うなら、ゴミ拾い、蝶の数を数えること、書類のファイリング、洗濯、子どもたちへの指導、雑草の刈り取りなどに取り組むことになるかもしれません。キリストを礼拝し、キリストに仕える一環として行うのであれば、これらはすべて宣教だと言えます。

私たちが被造物ケアという聖書の呼びかけに応えるとき、キリスト教を信じていない人たちも彼らが目にするクリスチャンの働きに惹きつけられるでしょう。伝道者のロブ・フロスト博士は「クリスチャンが地球について真剣に考えるとき、人々は福音を真剣に考える」と語っています。[44]これはア・ロシャでの経験です。私たちは環境活動を「真の」霊的な福音に取り込むための口実にはしていません。むしろ、神が私たちに召されたすべて、つまり神の世界における使命の役割を生きて示し、分かち合っているのです。これこそが傷ついた人々と劣化した生態系が混在する世界で、意味をなす霊的な現実を求める人々を惹きつけるでしょう。

ア・ロシャが成長し続けるにつれ、私はさらに気づくことがありました。この使命には生物学者や植物学者、蝶の専門家だけが召されているのではありません。私たちすべての人間が召されています。ローマ人への手紙8章19節には、「被造物は切実な思いで、神の子どもたち［著者が引用した英語訳ではsons ＝息子たち］が現れるのを待ち望んでいます」と記されています。神の子ども（息子）たちとは誰でしょうか？　男女を問わないすべてのクリスチャンのことです。では、被造物は何を熱心に待ち望んでいるのでしょうか？　私たちが神から与えられた被造物の世話人や管理人としての役割を再認識することを待っているのだと思います。私たち人間は神がアダムに与えた被造物に仕え被造物を守る役割を（創世記2・15）ひどく間違えてしまいましたが、「第二のアダム」であるイエス・キリストによって再びそれは可能となりました。私たちはキリストの姿に似せて新たにされ、回復したことで、今は被造物の再生と回復のために神の世界で神とともに働くことができます。私たちはこの壊れて困窮した世界における神の特別な代理人であり、被造物全体に良き知らせをもたらす使命を持つ存在です。

これは信じられないほど期待が高まることではないでしょうか。神はあなたと私をこの地球という惑星における神の代理人とされたのです。神は私たちに被造物を回復し、新しくし、大切にする特別な代理人として任せられたのです。なんと素晴らしい特権でしょう。なんという大きな責任でしょう。そして、なんと応えがいのある召しでしょう。

リバプール司教のジェームズ・ジョーンズは、イエスの使命と私たちの使命について、このように語っています。「その使命とは何でしょうか。天においてなされるように、地においても神の御心を行うことです。彼（イエス）の祈りと私たちの祈り。彼の使命と私たちの使命。天と地のつながり。ミシオデイ（Missio Dei　神の宣教）[45]」。

本書の最後の挑戦はこれです。「あなたは参加しますか？」旧約聖書において人間の罪が人や他の被造物を圧倒する災害の脅威になったとき、一人の男が神の呼びかけに応えました。彼の名はノアです。彼は神の宣教［mission ＝使命とも訳せる］は人間だけに対してではなく、他の多くの被造物も対象としていることを知りました。今日、ノアのような人を全世代に必要としています。イエスの全被造物に対する救いの支配権を彼に倣って行うことで、神への信仰に従う人々です。周りの人々とは異なる考え方を持ち、異なる礼拝を行い、異なる生き方をする準備があるクリスチャンを必要としています。

いつの日か神のご計画が「天にあるものも地にあるものも、一切のものが、キリストにあって、一つに集められる」（エペソ1・10）という聖書のビジョンは、背中を押すような励ましを与えてくれます。週ごとに地球とその未来に関する心配なニュースがもたらされ、絶望が増し加わるこの世界で、私たちは地球に対する神の希望を生きて示すよう求められています。この世界が完全に正されるのはイエスが再臨され、この世界に蔓延しているすべての罪や苦しみ、そして悪が取り除かれるときだけです。しかし、私たちはイエスの先発隊となり、今ここでイエスの支配のしるしを歓迎するのです。私たちの目標は天におけるように地においても神の国のしるしとなり、被造物全体におけるイエスの支配権を現実世界に歓迎し、確立する変革の担い手となることです。

ボリウッドの名作映画「サラームイシュク」には、デリーでタクシー運転手をする恋多き中年の主人公が完璧な「運命の人」を夢見るあまり友人にこっぴどく叱られるシーンがあります。しかし叱られた後、彼はこう言います。「夢じゃないんだよ。これは未来の真実の一面なんだよ。」

クリスチャンの希望は夢ではありません。創造し、維持し、救済する神の現実に基づいた、堅固な基盤に基づいています。私たちを取り巻く状況がいかに悪くとも、地球に対する希望は未来の真実の一面です。

私たちがイエスの世界のために祈り、働き、私たちが与えた被害を修復しようと努め、すべての被造物に福音を宣べ伝えるとき、いつの日か物事がどうなっているかを垣間見るでしょう。私たちが一部となっている今この時は、その日のほんのわずかな反映にすぎません。しかしこの世のすべての最良のもの、すべての被造物の中で最も美しく、最も感動的で、最も真実で、最も愛おしいものが天における輝かしい完全な神の臨在と組み合わされることを想像してみてください。神が再び人間の間に住まわれることを想像してみましょう（黙示録21・3）。被造物が滅びの束縛から解放され、万物が死と苦しみから解放され、天と地が神と和解する姿を想像してみてください。イエスに従う者として、これを私たちのビジョンとし、私たちの使命にしましょう。

世に喜びあれ！　主は来られた！
地はその王を迎えよう。
心の中に主のための部屋を作ろう。
天と自然は歌おう。

（アイザック・ワッツ、一七一九年）

［讃美歌『Joy to the World』の直訳］

〔質問〕

1　被造物ケアにおいて神を現すという命令が「第一の大宣教命令」であるなら、それはあなたの優先事項にどのように反映されていますか？

2　あなたやあなたが属する団体や教会は祈り、献金、実践的な行動を通して宣教の五つのしるしの各項目を支えていますか？

3　周囲の人々とイエスの福音を分かち合うことをおろそかにすることなく、被造物ケアを含む宣教の聖書的理解を完全に保つにはどうしたらよいでしょうか？　ア・ロシャの活動（www.arocha.org 参照）は何か役に立つアイデアを提供しましたか？

# 〈質問集〉キリスト教と環境に関するよくある質問

1　私たちは環境ではなく、伝道に集中すべきではありませんか？　地球よりも魂を救うべきではありませんか？

第一に、イエスは「魂を救う」ことだけに焦点を当ててはいません！　イエスは、肉体的、社会的、そして霊的な文脈においてすべての人々を気にかけておられます。イエスにとって、人と神との関係性は、人間同士や人を取り巻く世界との関係性から切り離すことはできません。イエスは、神を愛することと隣人を愛することはつながっていると教えました。そのため、病人を癒やし、捕らわれ人を解放し、被造物の嵐を静めることはすべて、イエスが教え、模範とした「良い知らせ」（神の国の福音）の一部なのです。伝道、つまり魂を救うための働きは、キリスト教の中心的な使命であり、人々はキリストによって罪が赦されて初めて神との生きた関係性に入ることができます。しかし、伝道は福音全体に生きることから切り離されてはいけません。ノアの箱舟を例にあげると、神の目的は罪の影響から私たちを救い出すことでした。しかし、そこで救われたのは『魂』だけでなく、全人類でした。実際には、救われたのは人間だけでなく、「地上のすべての生き物」（創世記6〜7章参照）でした！　このことを見ると、救われるべきものに対する神の視点は、私たちの視点よりもやや大きいことがわかります。

第二に、伝道は言葉だけでなく、クリスチャンが実践的な方法で全世界に対する神のケアを示すとき、より力強くなるでしょう。クリスチャンが環境を含む今日の「大きな問題」について何も語らなければ、多くの人々はキリスト教から遠ざかってしまいます。一方、故ロブ・フロストが言うように、「クリスチャンが地球について真剣に考えるとき、人々は福音を真剣に考える」のです。[46] キリスト教信仰が他者や地球全体との関わりの中で実践されていることを目の当たりにするとき、多くの人々はキリスト教信仰の意味を突然理解できるようになるのです。私はこうしたことを、ア・ロシャのプロジェクトで経験してきました。結論として、伝道か地球を救うかの二者択一ではなく、救いの良い知らせと被造物のための良い知らせ、その両方の問題です。

2　福音は物質的な物事ではなく、霊的な事柄に関するものではないでしょうか。神は私たちの肉体ではなく、魂を大切にされているのではありませんか？

この質問の根底には、「霊的なもの」と「物質的なもの（あるいは肉体的なもの）」は分離することができるという、甚だ欠陥のある考えがあります。しかし聖書は常に人間を、心と身体と魂が一体で切り離すことはできないと見なしています。私たちは肉体的、精神的、感情的、霊的な性質からなる完全な人間であり、単に肉体に包まれた不滅の魂ではありません。後者の考え方は、聖書ではなく、古代ギリシアの異教哲学から生じています。

神が物質的な宇宙を創造し、それを「非常に良い」と宣言していること（創世記1・31）、そして神が被造物を支え、維持し、新たにし続けているという創造の事実そのものが、物質的なものが神にとって重要だと示しています。さらに言えば、神がこの世に来られたイエスの降誕は、物質世界に対する神の大いなる肯定です。イエスの肉体的な復活も、私たちの物質的な肉体の復活があるという約束（Iコリント15章）も、神が物質的なものをいかに肯定的に捉えているかを示し続けています。したがって、キリスト教のメッセージは物質的なものよりも霊的なものに関わるという考え方こそ、聖書的とは言い難いのです。

### 3　なぜわざわざ地球をケアするのですか。いずれ神は地球を滅ぼすのではありませんか？

この問いには主に二つの答えがあります。第一に、神が将来何を考えておられるにせよ、現在のクリスチャンの仕事は、地球を大切にしなさいという神の命令に従うことです（創世記1・26

～28、2・15)。ある意味、神ご自身が造られたものを破壊したとしても、私たちが干渉することではないでしょう。そうだとしたら、私たちの仕事は、それまで地球の世話をすることなのです！　しかし第二に、神が地球を完全に破壊するかもしれないという考えは、実は非常に不安定な聖書的土台の上に成り立っています。聖書が地球の未来について語るときは常に、破壊（裁き）と刷新（救い）という二つのテーマの緊張関係を保っています。しばしばクリスチャンは、どちらか一方（たいていは破壊）を選び、それを中心に神学を構築しますが、もう一方を指し示す箇所はまったく無視してきました。真に聖書的な理解とは、こうした誤った両極端を避けるものです。つまり、神が地球を完全に破壊するという考え方と、すべてが徐々に改善され、完全に向かって進化していくという同じく誤った考え方があります。しかし、バランスの取れた聖書的理解では、邪悪で罪深く堕落したものすべてに対する神の裁きは、被造物全体の根本的な浄化を意味します。神が造られたすべてに対する神の救いの愛は、やがて被造物を造り変え、再形成し、刷新することにつながることを認識します。

## 4　科学は聖書、特に創世記1章と2章の天地創造の記述と矛盾しませんか？

真の科学は、聖書にある神のことばを伝えたり、確かめることしかできません。なぜなら、優れた科学とは、神の世界を探求し、理解しようとする人間の属性だからです。創世記2章で神がアダムに動物の名前をつけるように命じた場面は、分類学の始まりです。識別し、区別し、分類することは生物学の基礎です！　マタイの福音書6章で、イエスが「鳥や花から学びなさい」と命じたことも、科学を「神に倣って神の思いを考える」方法と見なす奨励です。

しかし、科学者であれ聖書を学ぶ者であれ、学問を限界を超えて推し進めようとするときには困難が伴います。科学は、物事がどのように働き、どのように変化するかを調べることには優れていますが、なぜ私たちはここにいるのか、なぜ物事はそのように動くのか、なぜ宇宙はこのように繊細で絶妙なバランスを構築しながら保つことができるのか、といった深い疑問には答えることができません。一方で聖書は多くの場合、人間のこうした「なぜ」という問いに答えるための神の方法ですが、聖書全体も創世記1章から2章も、物事がどのように起こったかを正確に記したわかりやすい科学的ハンドブックを意図して書かれてはいません。クリスチャンの間では、神が二十四時間を一日とする六日間で世界を創造したのか、それとも何十億年もかけて進化論的なプロセスを用いて創造したのかをめぐって、常に意見が分かれています。しかし、どちらの見解も、創世記1章・2章の主な課題である「人間の二つの性質」を避ける言い訳にしてはいけません。つまり、私たちは被造物の一部として地のちりから造られており、被造物の世話をする神の似姿として召し出されたのです。

5　神は私たちに「地に満ち、地を従わせ」、地を「支配する」ようにと言われました。それなら、地球とその生き物は私たち人間が単に利用し楽しむためにあるのではないですか？

このような誤解は西洋のキリスト教的思考にしばしば見られ、地球および福音の評判の両方に計り知れない打撃を与えてきました。しかし、聖書は、ここは神の世界であり、私たちの世界ではないこと（詩篇24・1、50・10～11）、そして、この世界は究極的にはイエスのために創造されていること（コロサイ1・16）を明確に述べています。私たちは、借り手（レビ記25・23）や管理人（創世記2・15）として、被造物を使用し楽しむことを許されていますが、不注意に貪欲で破壊的なやり方をしてはいけません。私たちは、所有者である神に対して責任があります。創世記1章にある「従わせる」という言葉は、「管理する」あるいは「秩序をもたらす」という意味であり、「支配する」という言葉は、神の穏やかで公正な支配を現すような方法を意味しています。仕えられるためではなく、仕えるために来られたイエスに照らして、私たちはこれをサーバント・キングシップと表現できます。

6　野生動物を心配するよりも、貧しい人々を助けるべきではありませんか？

貧しい人々への配慮と地球への配慮を切り離すのは間違った区別ではないでしょうか。神は相互依存の世界を造られました。そのため食料、水、住む場所、衣服、燃料、そして呼吸に必要な空気を与えてくれる健全な生態系がなければ、私たち人間は生きていくことができません。気候変動で最も苦しんでいる人々は世界の貧困層であり、彼らは自然のシステムに最も直接的に依存しています。ケニアの植物学者で、ア・ロシャ・インターナショナルの評議会メンバーであるステラ・シミユ博士は、このように言っています。「過疎地の貧困層は天然資源基盤に直接頼っています。そこは彼らにとっての薬局やスーパーマーケット、燃料補給所や電力会社、そして水道会社です。もしこれらがあなたの近隣地域からなくなったら、どうなるでしょう？　だからこそ、私たちは環境保護に投資しないわけにはいかないのです。[47]」私たちは、神が気にかけているすべてのものをケアすべきであることを忘れてはいけません。それは神が造り、維持し、私たちにケアを委ねている野生生物を含みます。

7　聖書は私たちに明日のことを心配するなと言っていませんか？　地球を大切にするのは神の仕事であって、私たちの仕事ではないはずです。

明日のことを心配しない（マタイ6・34）ことは、明日を気にしないという意味ではありません！　聖書的信仰とは、私たちの必要をすべて満たしてくださる神に百パーセント頼ることですが、同時に神の王国の共同労働者となるために、神の召しを百パーセント引き受けることです。つまり「神の仕事を行うのが私の仕事であり、私の仕事の世話をするのが神の仕事である」ということです。神は被造物全体を維持し、ケアすることに全力を注いでいますが、その多くを私たちに委ねています！　ノアの話はその良い例です。神は手を差し伸べてすべての動物を救い出すのではなく、一人の人間に神に代わって行動するよう求めました。神は今もそうされています。

8　問題が大きすぎますが、私に何ができますか？

環境問題の規模の大きさに圧倒されやすいですが、役立つかもしれない考えがいくつかあります。

- 地域に根ざそう！　あなたの責任は、自分ひとりの力で世界を変えることではなく、「あなたが世界で見たいと思う変化になること」なのです。[48] 言い換えれば、「成功」よりも神の呼びかけに従うことこそが、私たちに求められていることなのです。自分にできることを確実に変えていき、大局は神にお任せしましょう。

●広い視野を持とう！　「気候変動は、一つの難解で大きな問題ではなく、何十億もの扱いやすい小さな問題の集まりなのです。[49]」つまり、私たち全員が行う日々の決断に物事を落とし込んでいけば、ともに大きな変化をもたらすことができます。「象をどうやって食べるか」というなぞなぞがあるように、「一度に一口ずつ！」なのです。

●励まされよう！　世界を変えるような運動は、一見取るに足らないような小さな行動から始まることがあります。ウィリアム・ウィルバーフォースと奴隷制廃止運動、ガンジーと反英大衆運動、あるいは二千年前に中東を旅していた一人の伝道者が、「失敗」して死んだが、どのように世界を変えたかを考えてみましょう。

## 9　なぜキリスト教の環境保護団体が必要なのですか。他の団体の活動に参加すればよいのではないでしょうか？

クリスチャンは、すでに存在するさまざまな自然保護運動や環境保護運動に参加すべきです。しかし、教会を教育し、挑戦を与え、環境を明確に定義された道徳的・霊的価値に結びつけるという点で、ア・ロシャのような組織には重要な役割があります。多くの自然保護団体は、なぜあまり知られていない無名の種が重要なのか、その理由を理解していません。加えて、被造物のケアが「天におけるように地においても」神の王国を求めることの一部であると信じるなら、クリスチャンの救援・開発団体があるのと同様に、クリスチャンの環境保護団体があるのは自然なことです。どちらも、神の民を通じてもたらされる神の愛の表現なのです。

## 10　環境のためには、地球に人間がいないほうが良いのではないですか？

多くのクリスチャンは、これを衝撃的な質問と受け止めるかもしれませんが、こうした質問の頻度はますます高まっています。人間がすべての問題の原因であるならば、人間がいないほうが地球はよくやっていけるのではないでしょうか。私たちは単なる「ウイルス種」なのではないでしょうか？[50]　人類が今日及ぼしている悪影響の証拠は明らかなため、クリスチャンは、「私たちは神の似姿なのだから、地球にとって人間がいるほうがいないよりも良いに違いない」と単純に断言することには注意すべきです。むしろ私たちは、地球をどのように扱うかにおいて神の似姿を反映できていないことを悔い改め、私たちが良い変化をもたらすことができることを行動で示す必要があります。神が被造物を私たちに託されたと信じるなら、私たちは被造物をもっと大切に扱う必要があります。

## 11 クリスチャンの被造物ケアの実績はひどいものであり、それはすべて聖書の教えに基づいているのではありませんか？

クリスチャンがしばしば神の被造物の悪用を許容、助長する罪を犯してきたことは否めません。多くの環境保護主義者は、創世記1章26～28節にある「従わせる」、「支配する」、「神の似姿」という表現は、人類を他の種よりも上位に置き、積極的な工業化と持続不可能な生活の基盤を築いたと考えています。しかし、これは三つの重要な点を無視しています。

- 環境破壊を引き起こしたのはキリスト教だけではありません。無神論的な共産主義、強引な世俗の資本主義、イスラム帝国主義も同じことをしてきました。人間を他の種よりも高く評価し、他の種との相互依存関係を忘れるような世界観は、環境破壊につながります。キリスト教の実績は、一部の人々が認識しているよりもはるかに肯定的です。
- 多くの失敗例と並んで、アッシジの聖フランチェスコ、初期のケルト・キリスト教、中世のベネディクト派修道会、アメリカのアーミッシュなど持続可能な生活と被造物ケアの感動的な例があります。貪欲、搾取、不注意が被造物に損害を与えたのは、クリスチャンが人間中心の文化の虜になったときであり、神のみことばが文化を変容したからではありません。

- 聖書は、世界は単に人類が使用したり乱用するために存在するとは教えていません。聖書のすべての主要なテーマ（そして本書のすべての章！）は、神の世界が貴重であり、私たちのケアと尊重に値することを示しています。神ご自身が、被造物を維持し、新たにすることに全力を注いでおられ、その世話を人類に委ねておられるのです。創世記1章と2章は、この世界が神の世界であること（私たちの世界ではない！）、人類は神の似姿として召された被造物の一部であること、そして「支配」と「統治」とは、神の公正をもって私たちが優しい支配を行使することであり、地球とその被造物に奉仕し、それを維持するために働くことを明確に教えています。

## 《注》

1 N. T. Wright, 'Jerusalem in the New Testament', in P. W. L. Walker (ed.), *Jerusalem Past and Present in the Purposes of God* (Paternoster/Baker, 2nd edn, 1994), p. 70.

### 第一章

2 Irenaeus, *Against Heresies* 4.20.1 and 5.6.1, in Ante-Nicene Fathers, I: *The Apostolic Fathers with Justin Martyr and Irenaeus*, ed. Philip Schaff. (http://www.ccel.org. から閲覧可能）

3 さらにいくつかの例を紹介します。あなた自身でもいくつ見つけられるか試してみてください。詩篇19・1～6、29・3～10、33・5～11、65・5～13、74・12～17、84・3～6、89・9～13、96・10～13、97・1～6、104、135・6～7、145・13～21、147・4、8～9、15～18、148。

4 Martin Thompson, 'Living Colour', CAM – *Cambridge Alumni Magazine*, 49 (Michaelmas 2006), p. 18. からの引用。

5 ヨナ書や民数記22・21～41を参照。

6 Conservative Party Conference, Brighton, 14 October 1988, http://www.margaretthatcher.org/

speeches/displaydocument.asp?docid=107352.

7 Lynn White, 'The historical roots of our ecologic crisis', *Science*, 155 (1967), pp. 1203–1207. リン・ホワイト『機械と神　生態学的危機の歴史的根源』青木靖三訳、みすず書房、一九九九年。

第二章

8 C. J. H. Wright, *Living as the People of God* (IVP, 1984) を参考にしてこの図を作成しました。

9 James Jones, Bishop of Liverpool, BBC Radio 4, *Sunday Morning Service*, 15 April 2001.

10 Press Release for A Rocha: Christians in Conservation (http://www.arocha.org) of which Sir Ghillean is a trustee, 30 March 2005.

11 M. Shellenberger and T. Nordhaus, *The Death of Environmentalism: Global Warming Politics in a Post-Environmental World* (Houghton Mifflin Co., 2007), p. 34.

第三章

12 Russ Parker, *Healing Wounded History* (Darton, Longman & Todd, 2001), p. 8.

13 Bob Beckett with Rebecca Wagner Sytsema, *Commitment to Conquer* (Chosen Books, 1997), p.

53; Alistair Petrie, *Releasing Heaven on Earth: God's Principles for Restoring the Land* (Chosen Books, 2000), p. 31.
14 Walter Brueggemann, *The Land* (Fortress Press, 1977), p. 3.
15 C. J. H. Wright, *Living as the People of God* (IVP, 1983), pp. 37–38.
16 Parker, *Healing Wounded History*, p. 9.
17 Wright, *Living as the People of God*, p. 59.
18 *Living as the People of God*, p. 48.
19 Petrie, *Releasing Heaven on Earth*, pp. 203, 221. アルモロンガの事例はセンチネル・グループ（the Sentinel Group）が制作したビデオにも紹介されています。http://www.sentinelgroup.org.

第五章
20 M. Allchin, *Bardsey*: A Place of Pilgrimage (privately published, 2nd edn, 2002).
21 Hans Küng, *On Being a Christian* (William Collins, 1977), p. 231.
22 Wim Rietkerk, *The Future Great Planet Earth* (Good Books, 1989), p. 33. からの引用。
23 新約聖書におけるギリシア語の *stoicheia* は、通常、神に反逆している基本原理を意味します（ガラテヤ4・3、8、コロサイ2・9、20も参照）。

24 エゼキエル書47章、ヨハネの福音書7章37〜38節。

25 N. T. Wright, *New Heavens, New Earth* (Grove Booklets, 1999), p. 5.

第六章

26 *Order for the Celebration of Holy Communion* (Church House Publishing), p. 165.

27 James Jones, *Jesus and the Earth* (SPCK, 2003), p. 12.

28 第9章を参照。

第七章

29 Jürgen Moltmann, *God in Creation: An Ecological Doctrine of Creation*, The Gifford Lectures 1984–1985 (SCM Press, 1985), p. 71.

30 Zygmunt Bauman, *Globalization: The Human Consequences* (Columbia University Press, 1998). ジグムント・バウマン『グローバリゼーション：人間への影響』澤田眞治、中井愛子訳、法政大学出版局、二〇一〇年。

31 *Sharing God's Planet* (Church House Publishing, 2005).

## 第八章

32 David Watson, *I Believe in the Church* (Hodder & Stoughton, 1985), p. 305. からの引用。

33 詳細は第9章を参照。

34 このプロジェクトはすでに終了しました。現在は、ワイルド・クリスチャン（https://arocha.org.uk/category/wild-christian/）やクリエイション・ケア（https://creationcare.org.uk/）というプロジェクトを実施しています。

35 http://www.wen.org.uk/nappies/facts.htm.

36 例えば、出エジプト記20・8〜11、23・5、12、申命記25・4、ヨナ書4・11を参照。

37 http://www.rainforestconcern.org/rainforest_facts/why_being_destroyed.（※現在は閲覧不可）

38 Aviation Environment Federation on an average annual mileage of 9,000 miles: http://www.aef.org.uk/downloads/Howdoesairtravelcompare.doc.

39 ア・ロシャは、旅行による汚染のオフセットを行う団体「気候スチュワーズ（http://www.climatestewards.net）」を設立しました。これは$CO_2$排出を吸収するだけでなく、生物多様性を改善し、発展途上国の地域社会と協力することを目的としています。

40 http://actonco2.direct.gov.uk.（※現在は閲覧不可）

## 第九章

41 ローザンヌ誓約「第六項　教会と伝道」 https://lausanne.org/ja/content-library-jp/covenant-ja/covenant-ja

42 Archbishops of the Anglican Communion, *Five Marks of Mission* (1984, 1990).

43 ア・ロシャのウェブサイトを参照。 http://www.arocha.org for more details.

44 ロブ・フロストへの被造物ケアに関するインタビュー。 *Care for Creation: The Biblical Basis*, A Rocha DVD に収録。

45 Bishop James Jones, at John Ray Initiative Conference, Gloucester, 8 February 2003. at <http://jri.org.uk/resource/jesusearth_bishopliverpool.htm>（二〇〇七年十月にアクセス）。

## 質問集

46 ア・ロシャが二〇〇五年に行ったビデオインタビューを参照。「A Rocha UK on a CD-ROM/DVD Environment Resource Pack」から閲覧可能。

47 前掲インタビューを参照。

48 マハトマ・ガンディーから引用。以下を始めとする様々なウェブサイトに記載されています。 http://www.thinkexist.com/quotation（二〇〇七年十月にアクセス）。

49 Nick Spencer and Robert White, *Christianity, Climate Change and Sustainable Living* (SPCK, 2007), p. 62.

50 「私たちのウイルスのような行動は、現在の生物圏と私たち自身の両方に終末をもたらしうる。」Paul Watson, in an essay 'The Beginning of the End for Life as We Know it on Planet Earth?' at http://www.seashepherd.org（二〇〇七年十月にアクセス）。

## 《訳注》

1 ニューエイジ運動とは、二十世紀後半にかけて広がったスピリチュアリティの向上を目指す運動。オカルト、東洋宗教、神秘主義、宇宙とのつながりなど、さまざまな要素が組み合わさり、伝統的な宗教や信仰体系にとらわれない新しい思想や実践が取り入れられています。

2 原著で使用している聖句の表現に近いため、この文は新共同訳を引用しました。

3 著者からの補足＝著者はこれらの用語を、イエスの復活のからだと、イエスの再臨後に被造物全体に起こることとの両方の観点から、聖書の終末論を説明するために用いています。どちらの場合にも、連続性はあります。例えば、復活したイエスの体には手と脇腹に傷跡が残っているので、私たちは復活したイエスが同一人物であることを知っています。しかし、非連続性も存在します。復活したイエスは、鍵のかかったドアから突然現れることができるように変容しており、マグダラのマリアやエマオの道の二人のようなイエスの近くにいた人たちでさえ、すぐにイエスを認識することはできません。同様に、新しい被造物は、現在の被造物とある程度の連続性を持ちながら、根本的に作り直されます。ギリシア語で「新しい」を意味する「カイノス」には、物事はある意味で新しくなり得るが、同時に以前のものから継続し得るという意味があります。

4　ヨーロッパとアフリカの間に位置するジブラルタルにそびえたつ石灰岩の岬のこと。

5　原著で使用している聖句の表現に近いため、この段落は口語訳を引用しました。

6　エコロジカル・フットプリントとは、人間の生活がどの程度、地球環境に負荷を与えているかを示す指標です。

# さらなる学びと実践のために

## 〈神の世界をケアしていくために役立つ情報集／更新版〉

**団体とウェブサイト**

**ア・ロシャ**（A Rocha） www.arocha.org

国際的な自然保護団体。神の世界を大切にするための活動やその参加の支援をしています。

**エコ・チャーチ** https://ecochurch.arocha.org.uk

イングランドとウェールズにある A Rocha UK によって運営された企画で、現在六千以上の教会が参加しています。現在、他の国々でも独自のスキームが運営されており、ア・ロシャのウェブサイトでも有益な情報を提供しています。 https://arocha.org/en/church-partners.

**ローザンヌ運動／世界福音同盟 被造物ケア・ネットワーク**

LWCCN – The Lausanne / World Evangelical Alliance Creation Care Network https://lwccn.com

被造物ケアと福音に関する世界的な地域カンファレンスを開催したり、メールマガジン「The Pollinator」を毎月発行しています。

Christian Climate Observers Program　https://www.ccopclimate.org

国連による気候変動の国際交渉に参加し、クリスチャン団体の存在感を示しています。

Creation Care for households　https://creationcare.org.uk

英国を拠点とするウェブサイトで、クリスチャンの弟子訓練の一環として、個人や家庭がより持続可能な生活を送るための実践的なアドバイスが掲載されています。

**聖書的環境コンソーシアム**

聖書に基づくライフスタイル、持続可能な社会の構築を明らかにし、具体的にキリスト者として生き、福音宣教に寄与することを目指し、環境セミナー・フォーラム・シンポジウムなどを開いて啓発や情報交換に務めています。https://creationcare.jp/activities/

包括的なリストではありませんが、さらなる学びのためにいくつかの本を紹介します。

## 書籍


Richard Bauckham, *Living with Other Creatures: Green Exegesis and Theology.* Waco, TX: Baylor University Press, 2011.

Richard Bauckham, *Bible and Ecology: Recovering the Community of Creation.* London: DLT, 2010. ［リチャード・ボウカム『聖書とエコロジー　創られたものすべての共同体を再発見する』山口希生訳、いのちのことば社、二〇二二年。］

Dave Bookless, *God Doesn't do Waste: Redeeming the Whole of Life*, Nottingham, IVP, 2010 (The story of one family and of A Rocha UK's beginnings in multiracial London).
ある家族と多文化都市ロンドンにおけるア・ロシャＵＫの始まりの物語。

Dave Bookless, *'Let everything that has breath praise the Lord': The Bible and biodiversity*, Cambridge Papers, Vol. 23 No. 3, Jubilee Centre, 2014. https://www.cambridgepapers.org/the-bible-and-biodiversity.

Steven Bouma-Prediger, *For the Beauty of the Earth: A Christian Vision for Creation Care.* Grand

Rapids, MI: Baker Academic, 2nd ed. 2010. Excellent and clear.

Ellen Davis, *Scripture, Culture, and Agriculture: An Agrarian Reading of the Bible*. Cambridge: CUP, 2009.

Miranda Harris & Jo Swinney, *A Place at the Table: Faith, Hope and Hospitality*, Hodder, 2022 (Mother and daughter, write movingly about food, community and A Rocha).
母と娘による、食、コミュニティ、ア・ロシャについての感動的な物語。

Katharine Hayhoe, *Saving Us: a Climate Scientist's case for Hope and Healing in a divided world,* One Signal, 2021.

Richard J. Middleton, *The Liberating Image: The Imago Dei in Genesis 1*. Grand Rapids: Brazos, 2005.

Richard J. Middleton, *A New Heaven and a New Earth: Reclaiming Biblical Eschatology*. Grand Rapids: Baker, 2014.

Douglas & Jonathan Moo, *Creation Care: A Biblical Theology of the Natural World*, Grand Rapids, MI: Zondervan, 2018 (The new standard textbook – excellent!).
被造物ケアの新しい教科書とも言える優れた文献です。

Ruth Valerio, *L is for Lifestyle: Christian Living that Doesn't cost the Earth*, IVP, 2nd ed. 2019. Really practical A-Z of ethical lifestyle issues for western consumers.

Robert White & Colin Bell, (eds.). *Creation Care and the Gospel: Reconsidering the Mission of the Church. Hendrickson*, MA, 2016. The official Lausanne creation care book – with contributions and case studies from around the world.
ローザンヌ運動による被造物ケアの公認の本です。世界各国からの寄稿とケーススタディを掲載しています。

N. T. (Tom) Wright, *Surprised by Hope: rethinking heaven, the resurrection, and the mission of the church*, London, SPCK / New York, HarperOne, 2008. (A clear and convincing look at the implications of Jesus' resurrection for the whole creation).
［N・T・ライト『驚くべき希望 ――天国、復活、教会の使命を再考する』中村佐知訳、あめんどう 二〇一八年。］イエスの復活が被造物全体に与える意義について、明確かつ説得力のある考察を展開しています。

Laura Yoder & Sam Berry, *John Stott on Creation Care*, Nottingham: IVP, 2021 An invaluable collection of writings from a great Christian leader.

# 訳者あとがき

世界中のクリスチャンに「被造物ケア」に関する影響を与えている素晴らしい本を翻訳する機会に恵まれたことに心から感謝しています。私が著者のデイブ・ブックレス氏と出会ったのは、二〇一七年に台湾で開催された「ローザンヌ運動／世界福音同盟共催　東アジア被造物ケア会議」に参加したときでした。私はここで初めて「被造物ケア」という言葉や考え方を知り、世界中で様々な活動に取り組んでいる人たちに出会い、大きな励ましを受けました。

近年になって、環境問題は日本のキリスト教会でも徐々に注目されるようになりました。しかし、ブックレス氏が二〇〇八年の時点で原著を出版していたことは驚くべきことです。これは東日本大震災よりも前のことです。それから十五年が経ち、環境汚染を軽減する科学技術が進歩したり、急進的な政策や方針が増えてきたかもしれませんが、環境危機はより深刻化している（むしろ一角しか見えていなかった氷山がより大きいことがわかってきた）とさえ思えます。本書には、出版から十五年たってもなお色褪せない、現在の日本のクリスチャンが考えるべき多くのことが示されています。

翻訳にあたって、特に大切にしたかった点は、被造物を「ケアする」という考え方です。英語による独特の表現かもしれませんが、海外ではより頻繁に使われています。「ケア」は被造物に愛を持って寄り添い、大切に世話していくことを表す言葉だと感じています。本書では、ケアと訳せるところは訳しましたが、やはり日本語の文脈では適切にフィットしない部分もありました。そのため、原著で「care」が使われている部分に対して、大切にする、配慮する、世話をするという言葉も使っています。

本書の前半は「なぜ」、後半は「どのように」被造物ケアに取り組むべきかを述べています。前半の「なぜ」に関して著者は、創世記から黙示録に至るまで、神がいかに愛を持って被造物を造られたか、様々な聖書理解を通じて包括的に議論しています。一方、読者の中には簡単に理解や受け入れることが難しい部分もあるかもしれません。例えば、第五章の終末に対する考え方には賛否両論あると思います。しかし、受け入れられない部分があるからと言って、環境問題は自分の信仰生活には関係ないと思わないでほしいと願います。大事なことは、「なぜクリスチャンが環境問題に取り組むべきか」を自分ごととして考え続けることだからです。本書が被造物に関する聖書理解を深め始めるきっかけになれば嬉しく思います。

後半は「どのように被造物をケアするか」という点について、実践的なヒントが提供されています。「環境問題に興味はあるが、具体的に何をすれば良いかわからない」という方も多くいるはずです。弟子訓練、礼拝、安息日、祈りなど、クリスチャンならではの生き方に関連する創造性に富む方法が示されている点が、特に意義深いと私は感じました。

また本書の最後には、よくある質問集が掲載されていますが、日本のクリスチャンは以下のような質問を抱くかもしれません。「環境問題は西洋の教会だから取り組めるのではありませんか。日本の教会は小さくてそんなことに取り組んでいる余裕がありません。」「マイノリティである日本の教会が取り組んでも、効果はないのではないでしょうか。」本書で書かれていることを日本の教会でどれくらい適用できるのかという点は、読者が抱く感想の一つでしょう。しかし、著者が指摘するように、被造物ケアは余裕があるから「ついで」に行うことではなく、福音全体に生きることに含まれているということが大事なポイントだと思わされます。イエスのたとえ話のタラントを任されたしもべのように、小さなアクションでも良いので、神から任されたものをどのように大切にしていくか、という神への姿勢が大事だと思います。そのため、インパクトがあるかないかということだけでなく、神に対して小さいことでも忠実に行う意義を見出していることがクリスチャンの強みです。また、日々の生活を見直すことで、無駄な浪費に気づき、それらを削減することで、経済的、時間的な節約につながることもあるはずです。

さらに、環境問題には様々なステークホルダーとの協力が必要ですが、クリスチャンがそうした働きに参画することで、社会への証しや伝道のきっかけにもなると確信しています。日本では国際協力や災害支援の分野でクリスチャンは大きな働きをしてきており、そうした問題に取り組む基盤は整っていると思います。ますます深刻化が増す環境問題に対して、日本でも被造物ケアの動きが高まっていくことを心から願っています。

末筆になりましたが、本書の出版に携わってくださった多くの方々に感謝いたします。著者のブックレス氏は、翻訳を快く支援してくださいました。翻訳作業の終盤には、クリスマス休暇にもかかわらず、細かい質問にも丁寧に答えてくれました。ア・ロシャ国際代表理事のスワン・パーク氏は、日本で面会した際に本書の翻訳を勧めてくれました。聖書的環境コンソーシアムの皆さまは、翻訳出版に向けて後押しをしてくださいました。いのちのことば社の皆さまには企画から出版までの道のりで多大なお世話になりました。

そして共同翻訳者である妻は、第一子の出産後の大変な時期にもかかわらず、翻訳の協力をしてくれました。私よりもはるかに正確で丁寧な翻訳をしてくれたおかげで、無事に自信を持って全文を翻訳することができました。実は今年の異常な猛暑の夏に息子が生まれたのですが、恥ずかしながらそのときに初めて、この子が生きる数十年後の地球はどうなっているのだろうというイメージを具体的に持ちました。将来世代の人々が少しでも安心できる世界にしていくため、人間として与えられた神からの務めに励んでいきたいと願います。本書を通じて多くの方が、神が私たちに期待しておられる被造物ケアの使命に目が開かれることを願っています。

二〇二三年十二月

石原謙治

〈著者略歴〉

デイブ・ブックレス（Dave Bookless, 1962-）

国際的なクリスチャンの環境保護ネットワーク「ア・ロシャ」の神学ディレクターを務める。ケンブリッジ大学で聖書神学と生物多様性保全の博士号を取得。ローザンヌ運動の被造物ケアのカタリスト。ローザンヌ運動／世界福音同盟の被造物ケア・ネットワークの共同リーダーを務める。

〈訳者プロフィール〉

石原謙治

フラー神学校で神学修士取得。国際環境 NGO で４年間勤務した後、国際基督教大学サービス・ラーニング・センターで勤務（2024 年 3 月まで）。レスター大学ビジネス大学院博士課程在籍（研究主題は宗教と環境に優しい消費行動）。聖書的環境コンソーシアム理事。

石原香織

レディング大学（英国）で TESOL 修士取得。広島三育学院高等学校で英語教員として７年間勤務した後、東京三育小学校で英語教員として勤務。

# 被造物ケアの福音

## 創世記から黙示録のエコロジー

2024年 4 月 20日　発行

著　者　デイブ・ブックレス

訳　者　石原謙治、石原香織

印刷製本　日本ハイコム株式会社

発　行　いのちのことば社

〒164-0001 東京都中野区中野2-1-5
電話 03 - 5341 - 6923（編集）
03 - 5341 - 6920（営業）
FAX03 - 5341 - 6921
e-mail:support@wlpm.or.jp
http://www.wlpm.or.jp/



ISBN 978 - 4 - 264 - 04481 - 9